Uhu

Fitis

Zilpzalp

Gimpel

Pirol

Eichelhäher

Kernbeißer

Nachtigall

Dorngrasmücke

Kohlmeise

Kleiber

Zaunkönig

Grünspecht

Amsel

Waldschnepfe

EINE BUCHE BIETET VIELEN TIEREN
Lebensraum: So geht der Zilpzalp in der
Baumkrone auf Beutefang, die Kohlmeise
an den äußeren Zweigen. Der Specht sucht
unter der Rinde nach Insekten, die Amsel
pickt am Boden. Jede Art hat ihre eigene
ökologische Nische – auf diese Weise macht
sich niemand gegenseitig Konkurrenz.

DEUTSCHLANDS WILDE WÄLDER

Eine Liebeserklärung

Fotos Norbert Rosing   **Text** Monika Rößiger

Inhalt

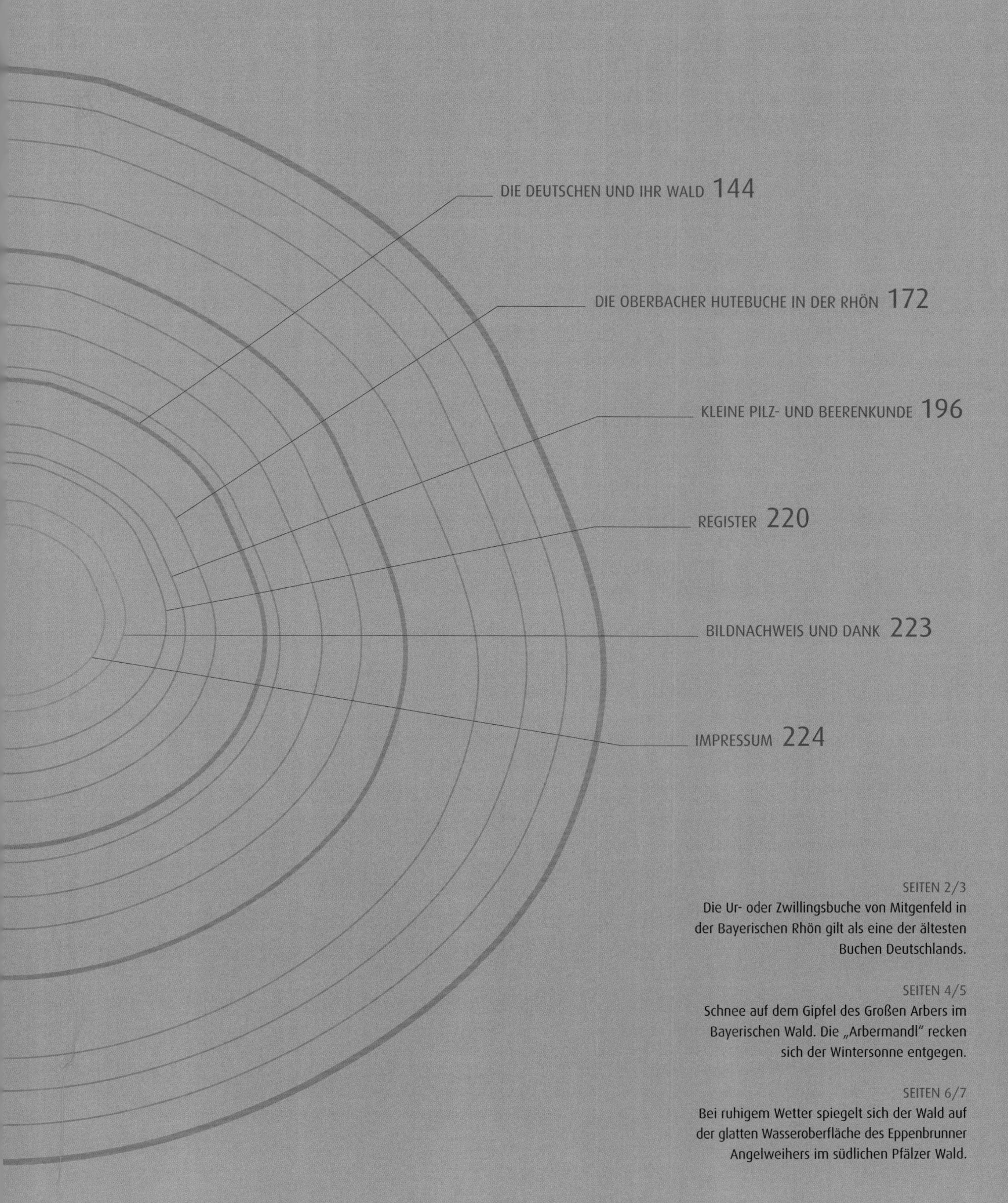

SEITEN 2/3
Die Ur- oder Zwillingsbuche von Mitgenfeld in der Bayerischen Rhön gilt als eine der ältesten Buchen Deutschlands.

SEITEN 4/5
Schnee auf dem Gipfel des Großen Arbers im Bayerischen Wald. Die „Arbermandl" recken sich der Wintersonne entgegen.

SEITEN 6/7
Bei ruhigem Wetter spiegelt sich der Wald auf der glatten Wasseroberfläche des Eppenbrunner Angelweihers im südlichen Pfälzer Wald.

Vorwort

Das komplexe Ökosystem Wald begeistert mich: die Wechselwirkungen zwischen Pflanzen und Tieren, der Lauf der Jahreszeiten mit ihren so unterschiedlichen Farben, die majestätische Schönheit bemooster Baumriesen. All das findet sich in den Fotos von Norbert Rosing, der die deutschen Wälder seit langer Zeit fotografiert. Er zeigt uns ausgedehnte Waldlandschaften im thüringischen Hainich, uralte Hutebuchen in der Rhön ebenso wie Pilze, die auf abgestorbenem Holz gedeihen, und Luchse im Nationalpark Harz. Mich begeistern Bilder, die diese Phänomene einfangen, nicht nur deshalb, weil der Wald schwer in Szene zu setzen ist, sodass seine Einzigartigkeit wirklich wahrgenommen wird, sondern auch deshalb, weil naturnahe und nicht durch Forste, Straßen oder Maisfelder zerschnittene Wälder in Deutschland selten geworden sind. Norbert Rosing aber hat sie aufgespürt: die „wilden" Wälder in unserem Land.

Als er und NATIONAL GEOGRAPHIC uns das Konzept für einen Bildband über den deutschen Wald vorstellten, der dessen Schönheit zeigen sollte, unterstützte Greenpeace e. V. dieses Vorhaben sofort, denn es stärkt unser Engagement für den Schutz der alten Buchenwälder. Norbert Rosings Bilder und die Texte von Monika Rößiger machen Lust auf Spaziergänge und Wanderungen, auf das sinnliche Erleben des Waldes. Dieses Buch lädt den Leser ein, die unglaubliche Vielfalt der deutschen Wälder zu entdecken. Der Fotograf nimmt uns mit auf eine Reise von Norden nach Süden – von den Küstenwäldern auf dem Darß über die Auwälder an der Elbe bis zu den alten Buchenwäldern im Spessart und den Wetterbuchen im Südschwarzwald.

Die Vielfalt, die diese Bilder dokumentieren, sollte auch ein Anlass sein, sich für den Erhalt von „Deutschlands wilden Wäldern" einzusetzen. Und das ist bitter nötig. Denn leider wird der Schutz des Waldes noch immer stiefmütterlich behandelt. Es gibt zwar eine respektable Anzahl von Naturschutzgebieten, aber geschützte Waldgebiete, in denen die natürliche Entwicklung Vorrang hat vor wirtschaftlichen Interessen, sind nach wie vor selten. Nur knapp ein Prozent der Wälder in Deutschland ist holznutzungsfrei. Das ist viel zu wenig.

Wir setzen uns vor allem für die alten Buchenwälder ein, die typisch deutschen Wälder, die einst zwei Drittel unserer Landesfläche bedeckten. Sie sind heute genauso bedroht wie der Amazonas-Regenwald: Nur noch zwei bis drei Prozent der Wälder in Deutschland sind Buchenwälder mit einem Alter von mehr als 140 Jahren. Und das ist nicht einmal besonders alt, denn Buchen können mehr als 300 Jahre alt werden. Gerade dieses hohe Alter ist für die Artenvielfalt entscheidend. Vögel und Fledermäuse

IN EXPONIERTER LAGE GEDEIHT DIESE Kiefer: Sie thront auf einem Felsenturm aus Buntsandstein. Der Lämmerfelsen gehört zum Dahner Felsenland im Süden des Pfälzer Waldes.

MUNTER PLÄTSCHERT DER SCHWARZBACH
über das Basaltgestein in der Bayerischen
Rhön. Nahe der Hochrhönstraße fließt er
durch die Teufelsschlucht.

nutzen die Spalten in den Bäumen für den Nestbau und als Quartier, Käfer und Pilze beginnen mit der Zersetzung des Stammholzes. Der tote Baum ist voller Leben.

Deutschland hat daher eine internationale Verantwortung für den Schutz dieser selten gewordenen alten Wälder. So wie wir von Brasilien und Indonesien erwarten, dass diese Länder ihre tropischen Regenwälder erhalten, so müssen auch wir unseren Beitrag zum Erhalt der Artenvielfalt und zum Klimaschutz leisten, indem wir unsere alten Buchenwälder schützen. Denn auch hier sind Tiere und Pflanzen vom Aussterben bedroht, und aufgrund des zunehmenden Holzeinschlags verlieren unsere Wälder ihre Funktion als Klimaschützer – vor allem durch die industrielle Forstwirtschaft mit ihren Großmaschinen und dem ganzjährigen Holzeinschlag.

Allen voran haben die Landesregierungen eine große Verantwortung, denn ein beträchtlicher Teil der Wälder gehört den Bundesländern – es sind „Bürgerwälder". Doch die meisten Bundesländer, gerade die waldreichen, haben noch nicht genug für den Waldnaturschutz getan. Im Moment werden sogar viele alte und ökologisch besonders wichtige Wälder abgeholzt, um den steigenden Bedarf der auch durch Holzexporte angetriebenen Industrie zu befriedigen. Eine nachhaltige Waldwirtschaft, wie sie im forstwirtschaftlich genutzten Wald nötig ist, steht fast immer hintenan. Greenpeace setzt sich dafür ein, dass es in Deutschland wieder mehr Wälder von ursprünglicher Schönheit gibt und zehn Prozent unserer Bürgerwälder naturbelassen bleiben. Die restlichen 90 Prozent sollen ökologisch und sozial gerecht genutzt werden, sodass der Wert der Wälder erhalten bleibt und die regionale Wirtschaft von ihnen profitiert.

Immer mehr Menschen suchen in den Wäldern Erholung, um den alltäglichen Stress abzustreifen, um mit der Familie den Wald zu erleben, seine wechselnden Farben zu sehen, ihn zu riechen und auf seine Stimmen zu hören. Und diese Eindrücke werden hoffentlich auch unsere Enkel noch genießen können, vielleicht sogar in stärkerem Maß, wenn es uns heute mit dem Schutz der alten Buchenwälder gelingt, den Grundstein für die „Urwälder von morgen" zu legen. Norbert Rosings wunderbare Fotos spornen uns alle an, dieses Ziel zu verwirklichen.

Oliver Salge
Leiter der Waldkampagne bei Greenpeace e. V., Deutschland

Ein Tag im Wald

Ein herrlicher Tag im März: Bei Sonnenschein und strahlend blauem Himmel stapfe ich mit Lutz Fähser, Förster im Ruhestand, durch den Wald. Fast bis zu den Waden versinken wir im dichten Schnee, der bei jedem Schritt unter unseren Füßen knirscht. Der Waldboden sieht aus, als wäre er mit einem weißen Bettlaken überzogen. Vor dem Himmelsblau zeichnet sich das Schwarz der Äste und Baumkronen ab – ein Laubmischwald als Scherenschnitt. Wir laufen durch den Hevenbruch, der zu Lübeck gehört und Teil des Reviers ist, in dem Lutz Fähser bis zu seiner Pensionierung im Jahr 2010 das Forstamt leitete. Der Hevenbruch liegt in einem Endmoränengebiet, und so stehen wir bald vor einem jener Hügel, die sich abrupt aus dem platten Land erheben. Eine Tierspur führt die sanft ansteigende Flanke nach oben, bis zu einer Abbruchkante, unter der man bei genauerem Hinsehen zwischen den Wurzelgeflechten zweier Bäume eine Öffnung erkennen kann. «Wahrscheinlich ein Fuchs- oder Dachsbau», murmelt der Förster in seinen eisgrauen Bart. «Wollen wir mal nachsehen?»

Wir verlassen den Waldweg und gehen ein Stück querfeldein, um uns die Spuren genauer anzusehen. «Ein Ballentier», sagt Fähser. «Das spricht eher für einen Fuchs. Der Dachs als Sohlengänger ist es nicht. Außerdem würde man seine langen Krallen erkennen.» Neugierig steigen wir den Hügel hinauf, um uns den Bau aus der Nähe anzusehen; trockenes Laub raschelt unter dem Schnee. Etwa zwei Meter von der Höhle entfernt entdecken wir eine pudrige Schicht Sand auf der Schneedecke. Da hat sich der Fuchs wohl geschüttelt, nachdem er aus seinem Bau gekrochen ist – in eine sternenklare und klirrend kalte Nacht, bei Temperaturen um minus zehn Grad. Vermutlich hat der Rotpelz seine Glieder gestreckt und mit witternder Schnauze umhergespäht, was gerade geschieht. Dann wendete er sich nach rechts und trabte den Hügel zum Waldweg hinab – im rechten Winkel zu der Spur, der wir gefolgt sind und die offenbar seinen Heimweg markiert. Die abwärtsführende Spur ist nicht nur älter, sie enthält auch Sand aus seinem Bau.

Eine Schneedecke oder der feuchte Waldboden sind die beste Spurensicherung. Man muss sich nur ein wenig „einlesen", um rekonstruieren zu können, was sich hier in der Nacht oder Morgendämmerung abgespielt haben mag. Auch ohne die Tiere zu sehen – was am helllichten Tag eher ungewöhnlich wäre – bekommt ein Waldspaziergänger auf diese Weise einen lebhaften Eindruck ihrer Aktivitäten im Wald. Etwa, dass einige Hundert Meter von der Höhle entfernt ein Hase gemächlich durch den Wald hoppelte. Er kam aus einem Waldstück mit etwa 130 bis 140 Jahre alten

GOLDENER HERBST IM BUCHENWALD:
Wie in einem Gemälde zeichnen sich die Blätter leuchtend gelb vor dem blauen Himmel ab.

14

EICHE   TANNE   AHORN   PAPPEL

Buchen, kreuzte den Weg und lief weiter in Richtung eines vereisten Tümpels. Von dort kam wiederum ein Wildschwein herbeigetrottet, stieß auf den Waldweg, folgte ihm eine Weile und wühlte hier und da am Wegesrand nach etwas Essbarem. Mit seiner kräftigen Schnauze musste es nicht nur die Schneedecke durchdringen, sondern auch den hart gefrorenen Boden. Im ockerfarbenen Erdreich klafft nun ein faustgroßes Loch. Was sich im Waldboden unter unseren Füßen alles verbirgt, darüber macht man sich meist gar keine Gedanken: Zahllose Springschwänze, Schnabelkerfe, Pseudoskorpione werkeln dort, in der Schaltzentrale für den Stoffkreislauf des Waldes, ebenso wie Tausendfüßler, Milben, Käfer, Staubläuse. Pro Quadratmeter Waldboden haben Forscher in einem Jahr 4000 bis 5000 Bodentiere in Fallen gefangen, die wir mit bloßem Auge gut erkennen können. Die meisten Organismen sind dafür zu klein, aber sie bevölkern das Reich des Waldbodens in einer Größenordnung von Millionen und Abermillionen und zersetzen die herabgefallenen Blätter, damit die darin enthaltenen Nährstoffe wieder in den Kreislauf des Lebens eingespeist werden. Nur durch sie ist es möglich, dass Bäume lebensnotwendige Mineralien aus dem Boden aufnehmen und bis in die Spitzen ihres Kronendachs transportieren können. Ich blicke nach oben, auf die Silhouetten der Bäume. Noch sind ihre Äste kahl, aber sie sammeln bereits ihre Kräfte für den bevorstehenden Blattaustrieb. Auch das Vogelgezwitscher deutet darauf hin, dass der Frühling vor der Tür steht.

Weiter vorn sehen wir Tümpel zu beiden Seiten des Weges, an einer Stelle auch eine mit Laub und Erde verstopfte Öffnung eines Rohres, das offenbar unter dem Weg hindurchführt. «Diese Tümpel haben sich erst bilden können», erklärt Lutz Fähser, «seitdem wir die Entwässerungsgräben nicht mehr freiräumen. Damit konnte der Wald sich auf natürliche Weise wieder vernässen, da sich das Regenwasser in den Mulden sammelt.» Entwässerungsgräben? Mir war gar nicht bewusst, dass ein bewirtschafteter Wald auf ähnliche Weise entwässert wird wie die Äcker, Felder und Weiden der Landwirtschaft. Aber dieses Waldstück wird seit 1995 nicht mehr bewirtschaftet, hier darf sich der „Urwald von morgen" entwickeln – auf einer Fläche von rund 175 Hektar, etwas größer als Helgoland. Zugleich dient dieser Wald als Referenzfläche, anhand derer Natur- und Forstwissenschaftler dokumentieren können, welche Prozesse im Wald ablaufen, wenn der Mensch nicht mehr eingreift.

Vor einem der Tümpel bleiben wir stehen. Seine dicke Eisschicht glänzt in der Sonne, abgestorbene Baumstümpfe ragen heraus. «Hier wird wahrscheinlich ein

BUCHE BIRKE LINDE KIEFER

Sumpfwald mit der charakteristischen Roterle entstehen», sagt Fähser. Schon in wenigen Wochen wird in dieser Gegend der Gefleckte Aronstab blühen, ein typischer Vertreter des feuchten Laubwaldes, zusammen mit Buschwindröschen, Lungenkraut und dem würzig duftenden Waldmeister. Ein Nutznießer dieser Versumpfung ist der Kranich, der zum Brüten auf feuchtes Terrain angewiesen ist und hierzulande bevorzugt im Wald nistet. Sein Nest baut er am Boden, zum Beispiel aus Schilf oder Röhricht, und das Brutpaar, das hier sein Revier hat, ist quasi im Anflug – auf der Rückreise aus seinem Überwinterungsgebiet. Aus der Ferne hören wir das Hämmern eines Spechtes, es klingt wie ein Trommelwirbel.

Dieses Waldstück bildet eine der größten Referenzflächen für die natürliche Waldentwicklung in Deutschland. Dass es so etwas überhaupt gibt, ist Lutz Fähser und seinen Mitstreitern aus der Umweltbewegung zu verdanken. Vor knapp zwei Jahrzehnten präsentierten sie im Lübecker Stadtwald ihr Konzept der „naturnahen Waldnutzung" erstmals der Öffentlichkeit – auf einer Pressekonferenz mitten im Wald. Ich kann mich noch gut an jenen sonnigen Tag im Juni 1994 erinnern, als Fähser erklärte, keinen Dünger und keine Pestizide mehr einzusetzen und auf Kahlschläge ebenso zu verzichten wie auf das Anpflanzen von Monokulturen. Zehn Prozent der Waldfläche sollen frei von menschlichen Eingriffen bleiben und der Forschung dienen. Hier darf der Wald also verwildern, und das hat er in den vergangenen 19 Jahren auch getan. Staunend blicke ich mich um, die Veränderungen sind kaum zu übersehen: Aus einem ehemals „ordentlich aufgeräumt" wirkenden Wald ist ein „unordentlicher" geworden. Sterbende Baumriesen lehnen schräg an Bäumen, die sie am Umfallen gehindert haben. Andere liegen kreuz und quer am Boden, mit herausgerissenem Wurzelwerk, das nun etwa einen Meter hoch nach oben ragt. Die Rinde ist morsch, mit Pilzen bewachsen, darunter wimmelt es von Leben: von Käferlarven, die sich fressend ihre Gänge durchs Holz gegraben haben und so pittoreske Muster bilden.

Auf den restlichen 90 Prozent der Waldfläche sollen die Eingriffe so weit wie möglich minimiert werden, damit sich langfristig eine natürliche Waldgesellschaft entwickeln kann. Selbst bei drohendem Kahlfraß, etwa durch Borkenkäfer oder Schwammspinner, kommen keine Gifte zum Einsatz, erklärt der Förster: «Je eher die Nahrungsgrundlage der Insekten zusammenbricht, desto schneller endet der Massenbefall. Wälder suchen sich ihre ökologische Stabilität allein. Und die Natur produziert am besten ohne unser Zutun.» Das schlage auch ökonomisch positiv zu Buche,

ESCHE FICHTE PLATANE ULME

fährt der promovierte Forstwissenschaftler fort: «Ein naturnah genutzter Wald bringt deutlich mehr Ertrag als ein konventioneller Forst.» Und zwar rein betriebswirtschaftlich betrachtet. Die Gewinne für den Naturschutz und die höhere Attraktivität und Erholungsfunktion für Besucher des Waldes seien in dieser Rechnung noch gar nicht mit drin.

Der Pionier der naturnahen Waldwirtschaft und ich stapfen weiter durch den Schnee. Wir spazieren durch ein benachbartes Waldstück, das seit 1994 naturnah bewirtschaftet wird. Hier gelten trotz allem betriebswirtschaftliche Kriterien, nach denen Holz geerntet und gewinnbringend verkauft werden muss. Links und rechts des Weges liegen immer wieder dicke Baumstämme, mal mit grauer, glatter Rinde, mal mit grüner, knorriger – Buchen und Eichen. Waldarbeiter fällen die Bäume hier einzeln und lassen sie von Rückepferden zum Weg bringen oder – falls sie zu schwer für die Tiere sind – von speziellen Forstmaschinen. In manch anderen Betrieben werden ganze Flächen mithilfe von Maschinen kahl geschlagen. Ein weiterer Unterschied zur konventionellen Forstwirtschaft zeigt sich zwischen den hohen Stämmen der Laubbäume, die alle ungefähr gleich alt sind (ein sogenannter Altersklassenwald, der noch von früher stammt): Jungwuchs, primär von Esche und Ahorn, gefolgt von der Buche. Schon bald werden sie wieder ihre Blätter tragen – die Esche gefiederte, der Ahorn handförmig gelappte und die Buche eiförmige, deren Ränder aussehen wie gesägt. Alle drei Arten gehören hier standortgemäß hin und haben sich im Rahmen der Naturverjüngung ganz von selbst angesiedelt. Lutz Fähser betrachtet sie mit Wohlwollen. «So sieht eine natürliche Waldgesellschaft aus», sagt er. «Früher wurde das alles reguliert und zum Teil durch Fichten, Lärchen, Kiefern oder Pappeln ersetzt.»

Von früher sind auch die klassischen „Fichtenschonungen", die bis heute im Lübecker Stadtwald zu besichtigen sind. Fast bin ich enttäuscht und muss mir selber sagen: «Knapp 20 Jahre sind zwar eine lange Zeit für einen Menschen. Aber nicht viel für einen Wald, dessen Entwicklung sich eher in Jahrhunderten als in Jahrzehnten messen lässt. Das zeigt wieder, wie lange es dauert, unsere Fehler der Vergangenheit zu korrigieren.» Etwas Positives hält die Natur für einen ungeduldigen Menschen wie mich sogar hier bereit: Birken durchbrechen die Fichten-Monotonie. Und darauf ist Lutz Fähser besonders stolz. Birken, klassische Pionierbäume, wachsen zielstrebig zwischen den Nadelbäumen empor, und wenn sie es geschafft haben, diese zu überragen, beginnen die hier nicht heimischen Fichten langsam zu verkümmern. Auf

SONNENAUFGANG IN EINEM AUWALD
an der Elbe bei Dessau. Morgennebel
hängt zwischen den Bäumen. Die
Vögel zwitschern, und Frösche quaken
in den Tümpeln.

EICHE

diesem Boden, der nicht der ihre ist, haben sie gegen die Konkurrenz von Laubbäumen langfristig keine Chance. Auch hier hilft sich die Natur selbst, wenn man sie nur lässt.

Naturnahe Waldwirtschaft war damals eine Sensation, sie rief Kritiker und Bedenkenträger von allen Seiten auf den Plan. Doch der Erfolg kann sich sehen lassen: Die Artenvielfalt hat im Lübecker Stadtwald geradezu sprunghaft zugenommen. Schwarzstorch, Schwarzspecht, Rotmilan und Seeadler brüten erstmals wieder dort oder in größerer Zahl; an einigen Waldgewässern zeigen sich Spuren von Fischottern. Das Konzept funktioniert besser, als selbst dessen Pioniere erwartet haben. Weitere Forstbetriebe in Deutschland haben es übernommen, zum Beispiel in Berlin, München, Göttingen und Düsseldorf. Trotzdem ist die naturnahe Waldwirtschaft keineswegs gängige forstliche Praxis, obwohl auch der Sachverständigenrat für Umweltfragen, ein Beratergremium der Bundesregierung, diese Kriterien inzwischen empfiehlt. Lutz Fähser und einige seiner Kollegen warnen vor dem besorgniserregenden Weg, auf dem sich die Waldwirtschaft hierzulande gerade befinde. Die Holznachfrage ist weltweit drastisch gestiegen, vor allem in Asien. Nicht wenige Waldbesitzer, öffentliche wie private, schlagen jetzt mindestens so viel Holz ein wie nachwächst, zeitweise auch mehr. Außerdem pflanzen sie verstärkt nichtheimische Baumarten, weil die schneller wachsen oder hitzeresistent sind. Um sich aber dem Klimawandel anzupassen, wäre es besser, auf die natürliche Vegetation wie alte Buchenwälder und Buchenmischwälder zu setzen, die nicht nur stabiler, sondern auch besonders wertvoll sind.

Im Lübecker Stadtwald fällt das reichlich vorhandene Totholz auf; auch das gehört zum Konzept. Am Wegesrand steht eine abgestorbene Eiche, an deren Rinde sich bereits ein Schwarzspecht „vergriffen" hat. Bei seiner Suche nach Insektenlarven im Stamm hat der schwarze Vogel mit dem roten Scheitel die Borke großflächig aufgehackt. Und an einer abgestorbenen Buche macht sich ein charakteristischer Zersetzer breit: der Zunderschwamm. Wie sein Name andeutet, diente er früher zum Feueranzünden. Mit den dekorativen Pilz-Fruchtkörpern zu beiden Seiten erinnert der Stamm aus der Ferne an einen gotischen Kirchturm. Inzwischen ist es später Nachmittag geworden, die tief stehende Sonne wirft ihr goldenes Licht auf den Schnee, dessen Oberfläche zu funkeln beginnt. Ein Bussard kreist lässig über den Bäumen; noch trauen sich Mäuse und andere Tiere nicht aus ihren Löchern. Dazu muss es erst dunkel werden. Als es so weit ist und die schneebedeckten Buchen im Licht der Taschenlampe wie Gespenster wirken, da hoppelt vor uns tatsächlich ein Hase über den Weg.

KNORRIG UND RISSIG IST DIE RINDE DER Eiche, daran kann man sie gut erkennen. Ihr Holz wird wegen seiner Härte und Festigkeit sehr geschätzt: nicht nur im Gruben- und Wasserbau, sondern auch als Parkett- und Furnierholz.

HERBST AM DARSSER WESTSTRAND: WIE SCHIFFE ZIEHEN
die Wolken am stahlblauen Himmel dahin. Auf dem Meer
tanzen Schaumkronen, der abgestorbene Baum wirkt
wie eine bizarre Skulptur.

AUF DEM DARSS REICHEN DIE BUCHENWÄLDER FAST BIS ANS
Meer. Von der Ostsee weht der Wind so stark, dass er Bäume
und Sträucher buchstäblich biegt. Auf diese Weise entstehen
„Windflüchter", die charakteristisch sind für diese Küste.

AUF DER HALBINSEL ZINGST BIETET SICH IM SEPTEMBER UND
Oktober mit dem Zug der Kraniche ein besonderes Spektakel.
Früh am Morgen verlassen dann Tausende von Vögeln ihre
Übernachtungsplätze auf der Insel Kirr oder den Werderinseln,
um auf den Feldern nach Nahrung zu suchen.

ROTHIRSCHBRUNFT AM DARSSER ORT: IN DER MORGEN- ODER
Abenddämmerung kann man die männlichen Tiere auf den hohen
Sanddünen und den Salzwiesen beobachten und vor allem hören.

›

WIE MIT TUSCHE GEZEICHNET WIRKEN DIE ABGESTORBENEN BÄUME
im Licht der Morgensonne am Mühlensee im Müritz-Nationalpark. Nach der Wende wurden viele ehemalige Feuchtgebiete
renaturiert. Der Wasserpegel stieg langsam, und die Bäume
„ertranken". Heute ist der See ein Moorsee, aus dem die Stämme
wie Zeugen einer vergangenen Zeit herausragen.

SCHMETTERLINGE WIE DIESE BEIDEN AUS DER GRUPPE DER
Scheckenfalter sieht man vor allem auf Magerrasen mit ihrer
reich blühenden Flora. Sie kommen in ganz Mitteleuropa
vor und fliegen von Ende Juni bis August.

‹

AM ENDE EINES WARMEN HERBSTTAGES IM DARSSER WALD:
Plötzlich ziehen dünne Nebelschleier über die Wiese und
hüllen die äsenden Hirschkühe und zwei kapitale Hirsche mit
ihren imposanten Geweihen ein.

IM WEICHEN LICHT DER UNTERGEHENDEN SONNE ERGLÜHEN
diese Buchen. Unmittelbar an der Ostseeküste gelegen, wirken
ihre Stämme wie glatt geschmirgelt von Wind und salziger Luft.

›

ALLE ZERREN AN IHR: WIND, MEERWASSER UND REGEN
setzen die Kreideküste von Rügen einer permanenten
Erosion aus. Im Februar 2005 rutschte ein großer
Teil der berühmten Wissower Klinken ins Meer und
mit ihnen auch Teile des Waldes an der Küste.

DIE WEITHIN SICHTBAREN MÄCHTIGEN EICHEN SIND EIN
Kennzeichen der Landschaften Brandenburgs und Mecklenburg-
Vorpommerns. Oft sind sie die letzten Zeugen der großen
Wälder, die das Land einst bedeckten. Heute stehen diese
Baumveteranen inmitten ausgedehnter Mais- und Rapsfelder.

DER BITTERSÜSSE NACHTSCHATTEN WÄCHST IN FEUCHTGEBIETEN
wie Bruch- und Auwäldern, in Mooren oder an Gräben
und Tümpeln. Die Pflanze enthält giftige Substanzen, vor
allem in den unreifen Beerenfrüchten.

GROSSE FEUCHTGEBIETE MIT ERLENBRÜCHEN ERSTRECKEN SICH
nicht weit hinter dem Strand von Peenemünde auf Usedom.
Erlen kommen mit schwankenden Wasserständen besser zurecht
als viele andere Baumarten.

KIEFERNMISCHWALD IM MÜRITZ-NATIONALPARK, DEN MAN
auch das Land der 1000 Seen nennt. Hier wechseln
Seen, Moore und Wälder einander ab, und die Natur darf
sich nach ihren eigenen Gesetzen entwickeln.

›

DER STÄRKSTE BAUM UNTER DEN IVENACKER EICHEN:
In seinem Hohlraum versteckte man der Sage nach im Jahr 1806
den berühmten Schimmelhengst Herodot vor den anrückenden
Franzosen. Er verriet sich durch sein Wiehern und diente
Napoleon vorübergehend als Reittier. Hier, im Ivenacker Tier-
garten, befindet sich die europaweit größte Ansammlung
„1000-jähriger" Eichen. Die meisten der sagenumwobenen
Stieleichen sollen zwischen 600 und 800 Jahre alt sein.

Die Linde von Heede

Ein kleiner Ort ganz groß: Die größte Linde Europas steht in Heede, einer Gemeinde mit rund 2300 Einwohnern im Emsland, an der niederländischen Grenze. Von weiten Wiesen und auch von Wald umgeben, liegt der Ort direkt an der Ems. Zu seinen Wahrzeichen gehört die „Riesenlinde zu Heede": 26 Meter hoch gewachsen, thront sie inmitten eines ehemaligen Burghofs. Ihre ausladende Krone hat einen Durchmesser von 35 Metern, der Stamm bringt es auf einen Umfang von etwa 17 Metern. Genau genommen besteht er aus vielen Stämmen, die wie einzelne Bäume aussehen und auf einem Sockel zu stehen scheinen.

«Die 1000-jährige Linde auf dem Schärpenburgplatz ist Zeugin einer langen Geschichte», erklärt die Gemeindeverwaltung. «Im Schatten der ‚Dicken Linde', so nennt sie der Volksmund, feiern die Heeder mit ihren Gästen schon seit mindestens 1653 das traditionelle Schützenfest. In der Ortsmitte befindet sich der große Marktplatz, auf dem seit 1378 alljährlich der große Viehmarkt im Rahmen des Hanse- und Kornmarkts (Heeder Müggenkärmse) stattfindet.»

Trotz ihres Beinamens „1000-jährige Linde" (und obwohl Linden dieses Alter durchaus erreichen können), wird ihr Alter auf 500 bis 600 Jahre geschätzt. Im Wappen von Heede, das in historischen Dokumenten erstmals 1177 auftaucht, ist eine Linde verewigt. Sie prangt in der Mitte, darunter – beschirmt von ihrem Blätterdach – stehen der „Petrusschlüssel" als Symbol für die Kirchengemeinde St. Petrus sowie eine Ähre, die auf die lange landwirtschaftliche Tradition der Gegend hinweisen soll.

Urkundlich erwähnt wird Heede als „Heithe" im 12. Jahrhundert, als der Edelmann Sigwin dem Domkapitel zu Münster das Lehen zu Heithe schenkte. Gegründet aber wurde der Ort wahrscheinlich früher, im 8. Jahrhundert, als der heilige Ludger Bischof in Münster war. Er soll in dem Ort ein Grundstück mit Haus und Hof gekauft und dort eine Kapelle errichtet haben. Später wurde das Gut Heede zwischen zwei Brüdern aufgeteilt; auf einem der Teile entstand dann das Gut Scharpenburg. Die Linde soll im Hof der ehemaligen Scharpenburg oder Schärpenburg gestanden haben, die vermutlich im 13. Jahrhundert errichtet wurde. Im 17. Jahrhundert, im Holländischen Krieg, ließ General von Rabenhaupt die Feste niederbrennen – und verschonte der Legende nach die Linde.

Der mächtige Baum, auf den der Ort so stolz ist, hat nicht nur Kriegen und Feuers-

KNORRIG, WULSTIG, FALTIG UND RISSIG – die Spuren eines langen Lebens haben sich in den Stamm dieses Baumes gegraben. Es ist die „1000-jährige Linde" von Heede, einem kleinen Ort im Emsland. Von Anwohnern wird sie auch einfach „Die Dicke" genannt.

NOCH HEUTE WIRD ALLJÄHRLICH DAS
Schützenkönigspaar unter der Linde
ausgerufen. Sie hat Kriege, Feuersbrünste,
Stürme, Hitze und Kälte überlebt. Jedes
Frühjahr erfreut sie die Menschen
mit leuchtend grünen Blättern, später
mit dem Duft ihrer Blüten.

brünsten getrotzt, sondern auch Kälte und
Dürre. Im Mai bezaubert er durch das buch-
stäbliche „Lindgrün" seiner jungen Blätter,
im Juni durch den betörenden Duft seiner
Blüten. Dann zieht die Linde besonders viele
Besucher an, die den prachtvollen Baum
sehen und fotografieren wollen. Im Sommer
präsentiert sie ihre voll belaubte Krone, die,
mit etwas Abstand betrachtet, fast rund
wirkt, da die Äste bis nach unten hängen,
als wollten sie den Boden berühren.

Linden wurden früher auch auf dem
Grund anderer Burgen und Schlösser gepflanzt, einige symbolisierten den Frieden
oder eine überstandene Epidemie. In
einigen alten Dörfern steht bis heute eine
Linde, an der die Menschen zumindest
früher zusammenkamen, um Neuigkeiten
auszutauschen oder Feste zu veranstalten.
In dem berühmten Gedicht von Wilhelm
Müller aus dem Jahr 1823 heißt es:

Am Brunnen vor dem Tore,
Da steht ein Lindenbaum:
Ich träumt' in seinem Schatten
So manchen süßen Traum.

Unter der Linde von Heede wurde be-
stimmt auch geträumt, getanzt, getraut
und getrauert. Selbst Bankette sollen die

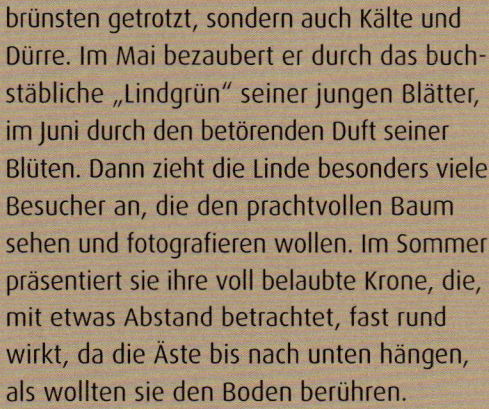

Fürstbischöfe aus Münster dort abgehalten
haben. Bei so viel Weltlichem darf das
Sakrale nicht fehlen. Heede ist auch für
seine Marienerscheinungen bekannt,
die es dort im 20. Jahrhundert gegeben
haben soll. Dazu schreibt das Pfarramt
der St.-Petrus-Gemeinde: «Zur Zeit des
Nationalsozialismus im Jahre 1937 wird
von vier Kindern (Grete Ganseforth, Anni
Schulte, Maria Ganseforth und Susanne
Bruns) im Alter von 11 bis 13 Jahren aus
Heede berichtet, dass ihnen die Mutter-
gottes mit dem Jesuskind erschienen sei,
auf dem alten Friedhof etwa 20 Meter
von der Petruskirche entfernt.» Weiter
heißt es: «Diese Erscheinung wird von den
Kindern zwischen dem 1. November 1937
und dem 3. November 1940 etwa hundert-
mal beschrieben. Auf ihre Frage: ‹Mutter,
als was willst du verehrt werden?›, hören
sie die Antwort: ‹Als Königin des Weltalls
und als Königin der armen Seelen›.»

Jedenfalls ist der Ort im Emsland so
auch überregional bekannt geworden und
zieht Jahr für Jahr Tausende von Gläubigen
und Pilgern an. Ob man daran glaubt oder
nicht, von all diesen Ereignissen könnte die
„Dicke Linde" von Heede berichten, zöge
sie es nicht vor, zu schweigen und – wie
man es den Linden nachsagt – zu rauschen.

^

WIND UND DIE SALZHALTIGE, FEUCHTE MEERESLUFT FORMTEN
den „Gespensterwald" von Nienhagen, der direkt an der Ostseeküste liegt: ein Mischwald aus Eichen, Buchen, Hainbuchen und
Eschen. Einige der Bäume sind bis zu 170 Jahre alt.

‹

IN DEN FRÜHEN MORGENSTUNDEN ENTSTAND DIESES
stimmungsvolle Bild auf Rügen. Es zeigt eine Kolonie von
Kormoranen vor dem untergehenden Mond.

ZWEI SINGSCHWÄNE ÜBERFLIEGEN DIE FLACHEN POLDERGEWÄSSER
des Unteren Odertals bei Schwedt. Ihren Namen verdanken sie
dem singenden, glockenähnlichen Ruf. Im Februar versammeln
sich bis zu 1500 dieser Tiere in der Region. Sie kommen aus ihren
Brutgebieten in Skandinavien.

IM FRÜHJAHR SIND DIE POLDERGEBIETE IM UNTEREN ODERTAL
geflutet. Die Polder und Auwälder, die sich etwa 60 Kilometer
entlang der Oder ziehen, sind ein bedeutender Lebensraum für viele selten gewordene Tier- und Pflanzenarten.

›

AM WILSEDER BERG IN DER LÜNEBURGER HEIDE LIEGT DER
„Totengrund" mit seinen typischen Wacholderbüschen.
Dieser Talkessel war früher für die Bauern ein „toter Grund",
in dem nichts wuchs.

››

DER ODERDEICH RAGT AUS DEM HOCHWASSER DER
Frühjahrsüberschwemmung. Einige Wochen lang wird
das Wasser hier die Oberhand behalten. Anschließend
breiten sich auf den Wiesen Blütenteppiche aus.

^

IN DEN KERNZONEN DES SCHUTZGEBIETES UNTERES ODERTAL
greift der Mensch nicht mehr in die Natur ein. Das Totholz
kann langsam verwittern. Pilze zersetzen das organische Material,
sodass es zur Grundlage für neues Leben werden kann.

›

MOORBIRKEN IM MÜRITZ-NATIONALPARK. ER UMFASST EINE
Fläche von mehr als 300 Quadratkilometern; fast drei Viertel
des Gebiets sind von Wäldern bedeckt, acht Prozent von
Mooren und 13 Prozent von Seen. Gut ausgeschilderte Wander-
wege ziehen sich durch Kiefern-, Buchen- und Erlenwälder.

ALTWEIBERSOMMER IN DEN HEIDEGEBIETEN
der Müritz. Morgens sammelt sich der
Tau in den Netzen der Kreuzspinnen, die
hier zu Tausenden zu finden sind.

›

DIESE PRACHTVOLLEN FLIEGENPILZE STEHEN IM
Lübecker Stadtwald, und zwar in großer Zahl.
In manchen Regionen nennt man den Fliegen-
pilz auch Mückenpfeffer oder Fliegenteufel.

BIRKENBLATT
MIT BLÜTENSTÄNDEN

«Ein Blatt aus sommerlichen Tagen,
Ich nahm es so im Wandern mit,
Auf dass es einst mir möge sagen,
Wie laut die Nachtigall geschlagen,
Wie grün der Wald, den ich durchschritt.»

THEODOR FONTANE (1819–1898)

DER SCHWEINGARTENSEE IN DER NÄHE DES ORTES CARPIN
gehört zur Mecklenburger Seenplatte. Urwüchsige Buchenwälder
umgeben ihn. Abgestorbene Bäume, Schilf und dichter Baum-
bewuchs am Ufer haben die Umgebung zur Wildnis werden lassen.
Hier sind Kraniche, Seeadler und Rothirsche zu Hause.

FISCHOTTER SIND HÄUFIG IN DER BODDENLANDSCHAFT
des Darß und auf der Halbinsel Zingst anzutreffen.
Hier gibt es sogar Straßenschilder, die auf das Wechseln
der possierlichen Wassermarder hinweisen.

Kleine Baumkunde

AHORN

Mit seinen geflügelten Früchten, die im Herbst wie kleine Propeller zu Boden schweben, kommen schon Kinder in Berührung – und kleben sie sich auf die Nase. Von den drei in Deutschland heimischen Arten ist der Bergahorn die am meisten verbreitete. Er kommt vor allem in buchenreichen Laubmischwäldern des Hügel- und Berglandes vor. Sein Saft diente früher der Herstellung von Zucker und Sirup.

BIRKE

Symbol des Frühlings und der Liebe – und eine Pionierin, die Brachflächen, Lichtungen oder Kahlschläge als Erste besiedelt. Anspruchslos hinsichtlich des Bodens und der Wasserversorgung, unempfindlich gegen Frost und Klimaextreme. In Deutschland sind vier Arten heimisch, die etwa 10 bis 30 Meter hoch und bis zu 100 Jahre alt werden. Birken sind sogar in der Lage, auf Trümmern oder in Dachrinnen zu wachsen.

BUCHE

Von Natur aus wäre sie die Hauptbaumart in unseren Wäldern. Ihr Laub ist ein wichtiger Nährstofflieferant für den Boden, die Früchte sind es für die Tiere des Waldes. Die Buche wird etwa 30 bis 35 Meter hoch und 300 Jahre alt. Der unter Dampf gebogene Thonet-Stuhl aus Buchenholz ging in die Kulturgeschichte ein. In der Eifel dienen lange, haushohe Rotbuchenhecken seit Jahrhunderten als Windschutz.

FICHTE

Als ältester lebender Baum der Welt gilt eine Fichte in Schweden, die auf 9550 Jahre datiert wurde. In Deutschland ist der immergrüne Nadelbaum mit den hängenden Zapfen die häufigste Baumart. Ihr Holz wird zum Hausbau sowie zur Herstellung von Möbeln und Papier eingesetzt. Die Fichte wächst relativ schnell, ist aber anfällig für Windwurf, Trockenheit, Luftschadstoffe und Befall durch Insekten oder Pilze.

LINDE

Bei uns kommen Sommerlinde und Winterlinde vor. Beide bevorzugen Halbschatten und können 800 Jahre alt werden, manchmal sogar 1000 Jahre. Die Winterlinde ist weniger anspruchsvoll als die Sommerlinde und wird 15 bis 25 Meter hoch, die Sommerlinde bis 35 Meter. Die Linde wird seit je vom Menschen verehrt; den Germanen galt sie als Baum der Liebesgöttin Freya und somit als heilig.

PAPPEL

Sie gehört in die Familie der Weidengewächse. In Mitteleuropa heimisch sind die Schwarzpappel, die Silberpappel und die Zitterpappel. Meist wachsen Pappeln an Flüssen und gemeinsam mit Erlen und Weiden in Weichholz-Auwäldern. Entlang der großen Flüsse und in Norddeutschland sind sie so weit verbreitet, dass sie die Landschaft prägen. In der Antike galt die Pappel als Baum der Trauer.

LINDENBLATT

EICHE

In deutschen Wäldern sind vor allem die Stiel- und die Traubeneiche zu finden, zum Beispiel in Auen, im Tiefland oder im Vorgebirge. Die Bäume werden 30 bis 40 Meter hoch und können bis zu 800 Jahre alt werden; einige Exemplare haben sogar 1000 Jahre erreicht. Die Eiche ist ein ökologisch wichtiger Baum, da sie bis zu 1000 Tier- und Pflanzenarten als Lebensraum oder Nahrungsgrundlage dient.

ERLE

Drei Arten sind in Mitteleuropa heimisch, am bekanntesten ist die Schwarzerle. Sie ist ebenfalls ein Pionier und bestens geeignet für stickstoffarme Böden, vor allem in Ufer- und Auebereichen, Sümpfen und Mooren. Früher war die norddeutsche Tiefebene von ausgedehnten Erlenbruchwäldern bedeckt – im Volksglauben ein unheimlicher Ort mit Hexen, Zauberern und Elfen. Auch Goethes „Erlkönig" deutet darauf hin.

ESCHE

Sie ist in Laubmischwäldern vom Flachland bis ins Mittelgebirge vertreten. Charakteristisch sind die gefiederten Blätter und die anfangs graugrüne Rinde, die mit der Zeit graubraun und rissig wird – dann erinnert sie an die Rinde junger Eichen. Die Esche kann 40 Meter hoch werden und gehört zu den höchsten Laubbäumen Europas. Ein eingewanderter Pilz führt seit einigen Jahren zum Sterben der Eschen.

PLATANE

Je nach Art sind ihre Blätter leicht mit denen eines Ahorns zu verwechseln. Am Stamm ist eine Platane jedoch gut an ihrem grün-weißen Mosaik zu erkennen, das die abblätternde Borke hinterlässt. Bei uns wird sie häufig als Park- und Alleebaum gepflanzt, hat eine ausladende Krone und wird bis zu 40 Meter hoch. Sie blüht von März bis April und besitzt kugelige Früchte, die an einem langen Stiel hängen.

TANNE

Ursprünglich der mächtigste Baum in Mitteleuropa und weit verbreitet: Bis zu 68 Meter hoch kann sie werden. Der immergrüne Nadelbaum mit den aufrechten Zapfen und den im Gegensatz zur Fichte nicht stechenden Nadeln gilt als Symbol für Weihnachten. Sie ist ein typischer Mischwaldbaum. Mit ihren tiefreichenden Wurzeln hält sie das Erdreich zusammen und gilt in den Bergen als bester Erosionsschutz.

ULME

Ulmen sind in Europa seit Jahrtausenden weit verbreitet. Bei uns heimisch sind Flatterulme, Feldulme und Bergulme, die sich anhand der Rinde und Wuchshöhe deutlich voneinander unterscheiden. Seit Anfang des 20. Jahrhunderts werden Ulmen von einem Pilz heimgesucht, der sie schleichend zum Absterben bringt. Wissenschaftler und Baumschulen versuchen, durch Kreuzung eine resistente Art zu züchten.

EIN MEER VON EINEM BUCHENWALD. KILOMETERWEIT ERSTRECKT
sich in Nordthüringen der Hainich, einer der größten deutschen
Buchenwälder. Er gehört zum Naturpark Eichsfeld-Hainich-Werra-
tal und geht fast nahtlos in die Buchenwälder bei Kassel über.

‹

FRÜHLINGSERWACHEN IM TAL DER HOLZMINDE BEI NEUHAUS
im Solling: Nur für kurze Zeit kleidet sich die Natur in das
leuchtende Grün der Buchen und das Weiß blühender Sträucher.

IM SEPTEMBER IST ES SO WEIT: DER ROTHIRSCH RUFT.
Besonders gut beobachten lassen sich die Tiere im
Wildpark Neuhaus, der im Naturpark Solling-Vogler liegt.

›

IM FRÜHLING ERBLÜHT IM HAINICH DER KALKBUCHENWALD.
Der Lerchensporn zeigt sich in seiner ganzen Pracht. Auch
Märzenbecher, Schlüsselblumen und Buschwindröschen tragen
dazu bei, dass sich der Wald in einen Garten verwandelt.

››

MÄCHTIGE ALTE BÄUME, MIT MOOS ÜBERZOGENE FELSEN, FARNE:
Auf dem Brocken im Harz fühlt man sich wie in einem
Märchenwald. Dass man früher glaubte, hier würden Hexen
und Kobolde ihr Unwesen treiben, lässt sich im Morgennebel mit seiner gespenstischen Stimmung nachspüren.

ᐱ

SONNENAUFGANG AN EINEM KALTEN TAG IM WINTER,
vom Brockengipfel aus gesehen. Über Baumwipfel hinweg
reicht der Blick weit ins Land.

‹

BLICK VON DER ROSSTRAPPE INS BODETAL IM HARZ.
Bis zu 280 Meter hoch türmen sich die Felswände. Im Bild
nicht zu sehen ist die Bode, die sich über zehn Kilometer weit
durch die Schlucht zwischen Treseburg und Thale schlängelt.

››

EIN JUNGER LUCHS IM GEHEGE DES WILDPARKS NEUHAUS IM
Solling. Die eleganten Katzen sind auch im Harz, in der
Sächsischen Schweiz und im Bayerischen Wald wieder heimisch.

^

MALERISCH SCHÖNE BLICKE ERÖFFNEN SICH ENTLANG DER
Bode, die den Harz südlich des Brocken durchfließt. Das
Bodetal ist die tiefste außeralpine Felsschlucht Deutschlands.

›

EINEM LUCHS IN FREIER WILDBAHN ZU BEGEGNEN IST FAST
ausgeschlossen, da er sich im Dickicht oder auf hohen
Bäumen versteckt. Dieses Tier verbirgt sich ebenfalls im
dichten Wald des Wildparks Neuhaus im Solling.

Weltnaturerbe Buchenwälder

Die Zugvögel vergangener Jahrtausende haben es noch gesehen: Dichter, undurch-
dringlicher Wald überzog große Teile Mitteleuropas. Aus der Vogelperspektive
betrachtet, präsentierte sich der Kontinent wie ein Meer aus grünem Laub – von den
Pyrenäen bis nach Südschweden, von der Bretagne und Südengland im Westen
bis zu den Karpaten im Osten Europas. Echter Urwald war das, so wie man ihn heute
eher von Luftaufnahmen der tropischen Regenwälder in Südostasien oder Südamerika
kennt. Nur dass der europäische Urwald überwiegend aus Rotbuchen bestand,
die ihre mächtigen Kronen in rund 40 Meter Höhe ausbreiteten und ein für menschliche Verhältnisse biblisches Alter erreichten: 250 bis 300 Jahre oder sogar noch
älter. Unter ihrem Blätterdach zogen große Wildrinder umher: Wisente mit zotteligem
braunen Fell und Auerochsen. Flinkeren Hufes bewegten sich Wildpferde, Wildschweine, Elche und Rothirsche. Für Raubtiere wie Wolf und Bär, Luchs und Wildkatze
war der Wald ein idealer Lebensraum, ein Dickicht mit umgestürzten Baumriesen und
bemoosten Stämmen, in dem es weder an Nahrung noch an Verstecken mangelte.

Dass die Rotbuche ein so großes Areal einnehmen konnte, liegt an ihrer außer-
gewöhnlichen Anpassungsfähigkeit. Sie gedeiht auf nährstoffreichen Kalkböden ebenso
wie auf mageren Sandböden, an trockenen wie an feuchten Standorten und in
jeder Höhenlage zwischen Tiefland und Gebirge. Kaum eine andere Baumart hat ein
derartiges ökologisches Potenzial wie die Rotbuche, deren Name sich auf ihr rötlich
gemasertes Holz bezieht. (Die aus Parks und Gärten bekannte Blutbuche mit ihren
dunkelrot-violetten Blättern ist eine Unterart der Rotbuche, die aus einer Mutation
hervorging und durch Züchtung erhalten blieb.) Starkem Wind und salzhaltiger Luft an
den Meeresküsten Westeuropas trotzt die Buche ebenso wie den eisigen Wintern
und heißen Sommern im kontinental geprägten Osteuropa. Da der Standort für andere
Baumarten aber sehr wohl von Bedeutung ist, hat sich mit der Rotbuche als Leit-
baum eine Vielfalt von Waldgesellschaften herausgebildet, die mehr als 10 000 Arten
von Pflanzen, Pilzen und Tieren beherbergen.

Das Aussehen eines Buchenwaldes variiert im Rhythmus der Jahreszeiten. Von März
bis April entrollt sich am Boden ein Teppich aus weißen oder gelben Blüten. Das
ist die Zeit der Frühblüher wie Buschwindröschen und Scharbockskraut, die für einen
Buchenwald charakteristisch sind. Die Buche blüht von April bis Mai, zur gleichen
Zeit treiben auch die Blätter aus – eiförmig und kurz gestielt. Noch dringt das Licht bis
zum Waldboden; dunkel wird es dagegen im Sommer, wenn die belaubten Kronen

WIE VERWUNSCHEN WIRKT DIESER
herbstliche Buchenwald im hessischen
Nationalpark Kellerwald-Edersee. Das
Schutzgebiet beherbergt einen der
größten zusammenhängenden Buchenwälder Deutschlands.

EICHE   TANNE   AHORN   PAPPEL

die Sonne abschirmen und den Wald in eine schattige Oase verwandeln. Im Herbst leuchtet er gelborange, und im Winter, wenn die Bäume kahl sind, wirkt er wie ein Scherenschnitt aus schwarzen Stämmen, Ästen und Zweigen.

Bis eine Buche zum ersten Mal in ihrem Leben blüht, vergehen 30 bis 50 Jahre. Die fruchtbare Phase reicht dann bis ins Alter von etwa 200 Jahren. Von September bis Oktober reifen die Bucheckern: dreikantige Nüsse in einer glänzend braunen Schale. Die fettreichen Früchte sind ein Schmaus für Vögel, Eichhörnchen, Wildschweine und Mäuse. Auch Menschen haben sie in der Hungersnot nach dem Zweiten Weltkrieg gesammelt und gegessen – meist geröstet, denn rohe Nüsse in größeren Mengen sind giftig. Außerdem dienten sie neben Zichorie und Getreide der Herstellung von „Muckefuck", einem Kaffee-Ersatz. Im 19. Jahrhundert presste man Öl aus Bucheckern und verwendete es für Lampen oder zum Kochen.

Von den rund 7000 Tierarten, die in einem Buchenwald leben, gehört der größte Teil zu den Insekten (mehr als 5000 Arten), darunter viele Schmetterlinge und Käfer. Rund 100 Arten von Wirbeltieren wurden gezählt, die anderen gehören zu den Würmern, Schnecken, Spinnen und Mikroorganismen. Das mag nicht sonderlich attraktiv klingen, bildet aber die Lebensgrundlage für Vögel, Säuger, Reptilien und Amphibien. Allein am Beispiel verschiedener Vogelarten lässt sich ablesen, wie lebhaft es an einer einzigen Rotbuche zugehen kann: Während Amsel, Singdrossel oder Buchfink am Boden nach Essbarem picken, sucht der Buntspecht unter der Rinde nach Insekten. Kleiber, Wald- und Gartenbaumläufer sowie der Zaunkönig sondieren die Stammoberfläche. Ebenfalls auf Insekten abgesehen haben es Blau-, Kohl- oder Sumpfmeise. Sie suchen aber an Ästen und Zweigen, während Gelbspötter, Garten-, Mönchs- oder Dorngrasmücke dies auf den Blättern im mittleren Teil des Baumes tun. In der Baumkrone schließlich haben sich Fitis, Zilpzalp, Waldlaubsänger oder Wintergoldhähnchen eingerichtet – hier gehen sie auf Beutefang.

Durch diese ökologische Nischenbildung können die Vögel das Nahrungsangebot optimal nutzen: Alle haben etwas davon, und sie stehen sich nicht gegenseitig im Weg. Eine gute Strategie, um Stress und Konkurrenz zu vermeiden. Selbst für vorbeifliegende Insekten, die nur in die Nähe des Baumes kommen, gibt es Spezialisten wie die Fliegenschnäpper. Die sitzen im Baum und warten, bis sie ein Insekt im Anflug sehen, fliegen dann kurz auf und fangen es noch in der Luft. Und wo so viele kleine Vögel unterwegs sind, da positionieren sich natürlich auch Greifvögel und Eulen,

BUCHE · BIRKE · LINDE · KIEFER

etwa der Sperber und der Waldkauz. Und das alles ist nur ein winziger Ausschnitt aus dem Leben in, um und mit einem Baum…

Deutschland liegt mitten im Ökosystem „Europäische Buchenwälder" und nimmt ungefähr ein Viertel des Verbreitungsgebiets der Rotbuche ein, die außerhalb von Europa gar nicht vorkommt. Viele charakteristische Waldgesellschaften gibt es nur bei uns, beispielsweise den Hainsimsen-Buchenwald, den Perlgras-Buchenwald oder den Waldgersten-Buchenwald. Die biologische Vielfalt der gemäßigten Klimazone ist eng mit dem Buchenwald verbunden. Von Natur aus würde die Rotbuche in Deutschland zwei Drittel der Fläche bedecken. Ausgenommen wären nur die Höhenzüge. Zurzeit bedeckt die Rotbuche aber nur 4,5 Prozent der Landesfläche. Das liegt daran, dass der Mensch den Wald schon seit Jahrtausenden für seine Zwecke nutzt. Solange er noch sammelnd und jagend umherzog, war sein Einfluss auf den übermächtig scheinenden Wald gering. Mit der Jungsteinzeit jedoch, als unsere Vorfahren sesshaft wurden, begann sich das langsam zu ändern. Sie brauchten Platz zum Siedeln und für ihre Äcker sowie Holz für ihre Behausungen und zum Feuermachen. Das Vieh trieben sie zur Futtersuche in den Wald. Aber selbst das waren noch geringfügige Eingriffe, verglichen mit dem, was im Mittelalter und danach geschah, besonders nach dem Ende des Dreißigjährigen Krieges, als sich die Bevölkerung in Europa stark vermehrte und der Holzhunger ins Unermessliche stieg. Für den Bau von Städten, Brücken, Kutschen und Schiffen mussten die Wälder ebenso weichen wie für den Bedarf an Holz zum Heizen und Kochen – und später für die vorindustrielle Produktion von Glas, Holzkohle und den Abbau von Silbererz und anderen Erzen.

Bereits Anfang des 18. Jahrhunderts war die Lage zum wiederholten Mal so dramatisch, dass Forstleute sich darum sorgten, wie sie die Nachfrage nach Holz in naher Zukunft stillen sollten. Holz war damals mindestens das, was Erdöl im 20. Jahrhundert bedeutete: Ohne Holz ging gar nichts! Das brachte den sächsischen Oberberghauptmann Hans Carl von Carlowitz vor 300 Jahren auf den Gedanken, aus dem Wald nur so viel Holz zu nehmen, wie durch Säen und Pflanzen nachwachsen konnte. In seinem 1713 erschienenen Buch „Sylvicultura oeconomica oder Haußwirthliche Nachricht und Naturmäßige Anweisung zur Wilden Baum-Zucht" verwendete er erstmals den Begriff „Nachhaltigkeit", der seit dem ersten Umweltgipfel der Vereinten Nationen in Rio de Janeiro 1992 zum Leitbild der gesellschaftlichen Entwicklung geworden ist. So entwaldet wie die Mittelmeerländer wollte man nicht enden, so viel war damals klar.

GELB LEUCHTET DAS LAUB AM UFER DES
Edersees im Kellerwald. Die Region
wurde erst 2004 zum Nationalpark
erklärt, nachdem sich Umweltschützer
jahrelang dafür eingesetzt hatten.

ESCHE   FICHTE   PLATANE   ULME

EINE ALTE EICHE AM KNORREICHENSTIEG, der oberhalb des Edersees liegt. Der 17 Kilometer lange Naturlehrpfad führt unter anderem durch Trockenwälder mit alten Eichen, die mehr als 800 Jahre alt sind. Sie wachsen an fast unzugänglichen, rutschigen Steilhängen.

Also wurde wieder aufgeforstet. Allerdings nicht mit heimischen Laubbäumen, sondern mit schnell wachsenden Kieferngewächsen – allen voran die Gattungen Kiefer, Fichte und Tanne. Nachhaltigkeit wurde damals rein quantitativ gemessen und nicht qualitativ, im ökologischen Sinne. Bis heute machen die meist in Monokultur gepflanzten Nadelbäume einen großen Teil der deutschen Wälder aus. Selbst an der Waldfläche gemessen ist der Anteil der Rotbuche mit nur 15 Prozent erheblich geringer, als er ohne den Einfluss des Menschen wäre. Und nur wenige Buchenwälder sind älter als 160 Jahre. Das liegt daran, dass die Rotbuche in einem bewirtschafteten Wald meist ab einem Alter von 120 Jahren gefällt wird. Dabei könnte sie sogar, wie einzelne Bäume zeigen, älter als 400 Jahre werden.

Fünf Gebiete, die Überbleibsel naturnaher Buchenwälder in Deutschland repräsentieren, sind seit 2011 Unesco-Weltnaturerbe: der Nationalpark Jasmund und der Müritz-Nationalpark in Mecklenburg-Vorpommern, der Nationalpark Hainich in Thüringen, der Grumsiner Forst in Brandenburg und der Nationalpark Kellerwald-Edersee in Hessen. Damit wurde das grenzüberschreitende Weltnaturerbe Buchenwälder, zu dem seit 2007 die Buchenurwälder der Karpaten gehören, um einen deutschen Teil erweitert und heißt nun: „Buchenurwälder in den Karpaten und alte Buchenwälder in Deutschland". Während das Gebirge in der Slowakei und der Ukraine die letzten Reste ursprünglicher Bewaldung umfasst, die sich über Jahrtausende ungestört entwickelt haben, beherbergt Deutschland auf Rügen sowie im Kellerwald Reste von Tiefland-Buchenwäldern, die es nirgendwo sonst auf der Welt gibt.

Auf der Liste fehlt nach Ansicht von Umweltschützern und Experten der Spessart in Bayern. Mit seinen alten Buchen und Eichen gilt er als eines der wertvollsten Waldgebiete Europas. Dort trifft man auf ungewöhnlich viele „Methusalembäume", Rotbuchen, die mehr als 200 Jahre alt sind, mit Stammdurchmessern von mehr als 80 Zentimetern, sowie 300 bis 400 Jahre alte Eichen, deren Stämme mehr als einen Meter dick sind. So etwas ist wirklich eine Rarität, und im Heisterblock, einem Teil des Spessarts, stehen sie sogar noch dicht beieinander: mehr als 1200 alte Buchen und mehr als 200 alte Eichen auf 378 Hektar. «Das ist rekordverdächtig», sagt Oliver Salge von Greenpeace. «Jede dieser Rotbuchen erzählt eine Geschichte, die mindestens bis zum Beginn des 19. Jahrhunderts zurückreicht. Und die Eichen waren sogar schon während des Dreißigjährigen Kriegs auf der Welt.» Die alten Bäume gab es bereits in jener längst vergangenen Zeit, als das Vieh noch in den Wald getrie-

BUCHE

ben wurde und von ihren Früchten fraß und Menschen mit der Postkutsche durch den Spessart reisten – sofern sie es sich leisten konnten.

Solch ein Waldgebiet hätte sicher gute Chancen auf einen Welterbetitel gehabt, es wurde aber gar nicht erst gemeldet. Dabei handelt es sich um einen öffentlichen Wald, der allen gehört. Das rief ein breites Bündnis von Umweltschützern auf den Plan. Im Januar 2012 forderten sie, den Einschlag alter Bäume in öffentlichem Besitz sofort zu stoppen und die „Nationale Strategie zur Biologischen Vielfalt" umzusetzen. Darin hatte sich die Bundesregierung bereits 2007 verpflichtet, zehn Prozent des öffentlichen Waldes bis 2020 nicht mehr forstlich zu nutzen, damit sie sich natürlich entwickeln. Fünf Jahre nach dem Beschluss war dieser gute Vorsatz noch nicht einmal auf einem Prozent der Waldfläche realisiert. Deshalb sollten nun diese zehn Prozent rechtsverbindlich als „Urwälder von morgen" ausgewiesen werden – so hieß es in einer gemeinsamen Erklärung von Bund für Umwelt und Naturschutz in Deutschland (BUND), Naturschutzbund Deutschland (NABU), Greenpeace und dem Forum Umwelt und Entwicklung. Nachdem Greenpeace gegen den Waldfrevel geklagt hatte, lenkte die Gegenpartei ein: In den ältesten Wäldern Bayerns sollen vorerst keine Bäume mehr gefällt werden. Aufgrund ihres Reichtums an Baumhöhlen, Ritzen und Nischen bieten sie besonders viel Lebensraum für Vögel und Fledermäuse, Schlangen und Echsen, Käfer und andere Insekten, die sich dort einquartieren können.

Wegen seiner zentralen Lage fällt Deutschland die Schlüsselrolle zu, wenigstens die Reste dieses Ökosystems zu erhalten und zu schützen, damit sich die Rotbuchen-wälder in Zukunft möglichst naturnah entwickeln können. Damit steht das Land auch global betrachtet in einer besonderen Verantwortung. Urwald gibt es bei uns schon lange nicht mehr, kann es auch gar nicht geben (obwohl das zu Werbezwecken immer wieder behauptet wird). Unsere Wälder sind dafür zu jung und zu stark bewirtschaftet. Nur wenige Gebiete sind von der Nutzung so weit verschont geblieben, dass man sie heute als weitgehend naturbelassen bezeichnen kann – wie eben Teile des Spes-sarts oder auch des Pfälzer Waldes. Sie sind wie ein Fenster in unsere Vergangenheit, und sie zeigen, wie es in Zukunft wieder bei uns aussehen könnte. Wahrscheinlich kehren dann auch Wisente und Elche in unsere Wälder zurück.

DIE BUCHE WAR EINST DIE DOMINIERENDE Baumart in Europa. Im Lauf der Jahrhunderte wurden jedoch große Waldgebiete gerodet, um dort Siedlungen, Äcker oder Fichten-Monokulturen anzulegen.

AUF LICHTUNGEN WIE HIER IM REINHARDSWALD ODER
auf anderen offenen Flächen in Wäldern sprießen
Gräser und Blütenpflanzen. Beim Roten Fingerhut ist
Vorsicht geboten: Er ist sehr giftig.

DER IMPOSANTE BERGAHORN WÄCHST NAHE EINER
großen Basalt-Blockhalde im Naturwaldreservat
Lösershag. Es gehört zum Naturpark Bayerische Rhön.

›

URWÜCHSIGE ALTE BÄUME WIE DIESEN KANN MAN IM
Reinhardswald bewundern. Hier liegt der Urwald Sababurg, ein
ehemaliger Hutewald mit jahrhundertealten Buchen und Eichen.

EICHENBLATT
MIT BLÜTENSTÄNDEN

EINE BLÜHENDE EICHE: UNTER NATÜRLICHEN BEDINGUNGEN
haben es Eichen schwer, sich gegen die Buche durchzusetzen.
In früheren Zeiten half der Mensch nach, weil die Eicheln
wertvolles Viehfutter waren. Die Schweine wurden dann zur
Mast direkt unter die Eichen getrieben.

›

BIRKEN MIT STARKEN STÄMMEN IM BIOSPHÄRENRESERVAT
Oberlausitzer Heide- und Teichlandschaft. Die dichten Schilf-
gürtel am Rand der Teiche dienen Wasservögeln, Kranichen,
Seeadlern, Schwarzstörchen und Fröschen als Rückzugsgebiet.

››

„ZWEI MÄNNLEIN STEH'N IM WALDE":
Pilze an einem vermodernden Birkenstamm.

«Wurzelfäden streckt
Eiche in den Grund,
Unten saugt versteckt
Tausendfach ihr Mund
Leben aus geheimen Quellen,
Die den Stamm gen Himmel schwellen …»

NIKOLAUS LENAU (1802–1850)

Als das vollbracht war, nahm die Alte ihre Tochter, setzte ihr eine Haube auf und legte sie ins Bett an der Königin Stelle. Sie gab ihr auch die Gestalt und das Ansehen der Königin, nur das verlorene Auge konnte sie ihr nicht wiedergeben. Damit es aber der König nicht merkte, musste sie sich auf die Seite legen, wo sie kein Auge hatte. Am Abend, als er heimkam und hörte, dass ihm ein Söhnlein geboren war, freute er sich herzlich und wollte ans Bett seiner lieben Frau gehen und sehen, was sie machte. Da rief die Alte geschwind: «Beileibe, lasst die Vorhänge zu, die Königin darf noch nicht ins Licht sehen und muss Ruhe haben.» Der König ging zurück und wusste nicht, dass eine falsche Königin im Bette lag.

Als es aber Mitternacht war und alles schlief, da sah die Kinderfrau, die in der Kinderstube neben der Wiege saß und allein noch wachte, wie die Türe aufging und die rechte Königin hereintrat. Sie nahm das Kind aus der Wiege, legte es in ihren Arm und gab ihm zu trinken. Dann schüttelte sie ihm sein Kisschen, legte es wieder hinein und deckte es mit dem Deckbettchen zu. Sie vergaß aber auch das Rehchen nicht, ging in die Ecke, wo es lag, und streichelte ihm über den Rücken. Darauf ging sie ganz stillschweigend wieder zur Türe hinaus, und die Kinderfrau fragte am andern Morgen die Wächter, ob jemand während der Nacht ins Schloss gegangen wäre, aber sie antworteten: «Nein, wir haben niemand gesehen.» So kam sie viele Nächte und sprach niemals ein Wort dabei; die Kinderfrau sah sie immer, aber sie getraute sich nicht, jemandem etwas davon zu sagen.

Als nun so eine Zeit verflossen war, da hub die Königin in der Nacht an zu reden und sprach:

«Was macht mein Kind? Was macht mein Reh?
Nun komm ich noch zweimal und dann nimmermehr.»

Die Kinderfrau antwortete ihr nicht, aber als sie wieder verschwunden war, ging sie zum König und erzählte ihm alles. Sprach der König «Ach Gott, was ist das! Ich will in der nächsten Nacht bei dem Kinde wachen.» Abends ging er in die Kinderstube, aber um Mitternacht erschien die Königin wieder und sprach:

«Was macht mein Kind? Was macht mein Reh? Nun komm ich noch diesmal und dann nimmermehr.»

«Was macht mein Kind? Was macht mein Reh?
Nun komm ich noch einmal und dann nimmermehr.»

Und pflegte dann des Kindes, wie sie gewöhnlich tat, ehe sie verschwand. Der König getraute sich nicht, sie anzureden, aber er wachte auch in der folgenden Nacht. Sie sprach abermals:

«Was macht mein Kind? Was macht mein Reh?
Nun komm ich noch diesmal und dann nimmermehr.»

Da konnte sich der König nicht zurückhalten, sprang zu ihr und sprach: «Du kannst niemand anders sein als meine liebe Frau.» Da antwortete sie: «Ja, ich bin deine liebe Frau», und hatte in dem Augenblick durch Gottes Gnade das Leben wiedererhalten, war frisch, rot und gesund. Darauf erzählte sie dem König den Frevel, den die böse Hexe und ihre Tochter an ihr verübt hatten. Der König ließ beide vor Gericht führen, und es ward ihnen das Urteil gesprochen. Die Tochter ward in den Wald geführt, wo sie die wilden Tiere zerrissen, die Hexe aber ward ins Feuer gelegt und musste jammervoll verbrennen. Und wie sie zu Asche verbrannt war, verwandelte sich das Rehkälbchen und erhielt seine menschliche Gestalt wieder; Schwesterchen und Brüderchen aber lebten glücklich zusammen bis an ihr Ende.

OBACHT IM JUNI AUF WIESEN UND IN Wäldern: Reh- und Hirschkitze verharren reglos am Boden und verlassen sich auf ihre Tarnung, damit Fuchs und Luchs sie nicht entdecken können.

›

DIE KROKUSWIESEN VON DREBACH im Erzgebirge. Ab Mitte März erblühen die herrlichen Wiesen um den Ort herum.

››

DIE NEISSE AM KLOSTER MARIENTHAL. Nur noch wenige Kilometer des Grenzflusses zwischen Deutschland und Polen sind so naturbelassen wie hier.

^

DICHTE MOOSPOLSTER SÄUMEN DEN BOHLENWEG DURCH
den Naturpark Hohes Venn an der deutsch-belgischen Grenze.
Das Hohe Venn ist ein Hochmoor von europäischer Bedeutung.

‹

LUPINEN UND GINSTER BLÜHEN AUF DER DREIBORNER HOCHFLÄCHE,
dem ehemaligen Truppenübungsplatz Vogelsang in der Eifel.
Wegen der Blindgänger aus der Zeit der militärischen Nutzung ist
es verboten, abseits der Wege zu gehen.

››

DIE WÄLDER DER EIFEL SIND OFT NEBELVERHANGEN.
Vor allem in der Umgebung des Urftstausees dominieren
Buchenwälder.

DIE MOORBIRKEN IM HOHEN VENN WACHSEN AUF EINEM
Schwingrasen, der sich bei der Verlandung von Gewässern
aus Moosen und anderen Pflanzenteilen über dem Wasser
bildet. Das Moor ist durch Bohlenwege gut erschlossen,
sodass man dort gefahrlos wandern kann.

‹

EICHEN, EBERESCHEN UND MOORBIRKEN SÄUMEN
einen dunklen Bachlauf im Hohen Venn.

Besenheide, Blaubeeren und Farne. Heide und Moor sind
seit 1992 streng geschützt. Trotz des „natürlichen"
Aussehens handelt es sich um eine Kulturlandschaft, die
durch menschlichen Einfluss entstanden ist.

Kleine Tierkunde

BAUMMARDER

Der kleine Waldbewohner zieht in der Nacht als Einzelgänger umher und kann kilometerlange Strecken zurücklegen. Im Frühjahr ernährt er sich von Kleinsäugern, Eiern und Jungvögeln, im Sommer und Herbst kommen Insekten, Beeren und Pilze dazu, im Winter Aas. Tagsüber schläft er in Baumhöhlen oder Vogelnestern. Baummarder sind hervorragende Kletterer, die mühelos von Ast zu Ast springen.

DACHS

Der Allesfresser ist in Laub- und Mischwäldern zu Hause. Nachts sucht er nach Früchten, Pilzen, Regenwürmern und Blindschleichen. Unter der Erde gräbt er ausgedehnte Baue und polstert sie mit Laub und Moos aus. Jede Generation erweitert den Bau, die sogenannte Dachsburg, in der manchmal auch Füchse und sogar Wildkaninchen leben – in unterschiedlichen Etagen zwar, aber in friedlicher Koexistenz.

FUCHS

Das anpassungsfähige Tier lebt in Wäldern, Kulturlandschaften und mittlerweile auch in Städten. Der Fuchs geht nachts auf Mäusejagd, frisst aber auch junge Kaninchen, Regenwürmer, Früchte oder stöbert in Abfällen. Er lebt in Familienverbänden. Die Jungen kommen im Frühjahr zur Welt, meist vier bis fünf. Nach etwa einem Monat trauen sie sich erstmals aus dem Bau nach draußen.

SCHWARZSTORCH

Der Schwarzstorch, etwas kleiner als der Weißstorch, ist ein elegant wirkender Schreitvogel. Er bevorzugt zum Brüten große, naturnahe Laub- und Mischwälder mit alten Bäumen. Hauptsächlich ernährt er sich von Wasserinsekten, kleinen Fischen, Fröschen, Kröten und Molchen und ist daher auf Feuchtgebiete, Bäche, Teiche oder Tümpel angewiesen. Er ist sehr scheu und selten.

THÜRINGER WALDZIEGE

Eine vom Aussterben bedrohte alte Haustierrasse, die von Anfang des 20. Jahrhunderts an durch Einkreuzung in Thüringen gezüchtet wurde. Die feingliedrige Ziege mit der auffälligen Gesichtsmaske ist sehr gut an das raue Klima des Thüringer Waldes angepasst. Sie liefert hervorragende Milch- und Fleischprodukte und eignet sich gut für die Landschaftspflege, zum Beispiel in Naturschutzgebieten.

WALDOHREULE

Sie ruht tagsüber im dichten Laub oder auf einem Ast nahe dem Stamm und vertraut auf ihre gute Tarnung. Mit hereinbrechender Dämmerung begibt sie sich auf die Jagd nach Mäusen und anderen kleinen Beutetieren, die sie meist im Pirschflug erbeutet. Die auffälligen „Pinselohren" haben nichts mit dem Gehör zu tun, das wie bei allen Eulen ausgezeichnet ist. Ihre Funktion ist nicht eindeutig geklärt.

FUCHS

NACHTIGALL

Der unscheinbare Vogel, dessen großartiger Gesang uns seit je bezaubert, lebt im Verborgenen. Die „Königin der Nacht" singt auch am Tag, bevorzugt Laub- und Mischwälder, ist aber auch in Parks, Hecken und Feldgehölzen mit reichlich Unterwuchs anzutreffen. In Hans Christian Andersens Märchen „Die Nachtigall" zieht sie «ihre grünen Wälder» dem kaiserlichen Hof vor und bezwingt am Ende sogar den Tod.

PIROL

Trotz seines leuchtend gelben Gefieders ist er selten zu sehen, da er sich meist im Laubdach hoher Bäume aufhält. Sein exotisch anmutendes Geflöte ist jedoch weithin zu hören. Früher nannte man ihn auch „Pfingstvogel", weil er im Mai aus seinen Überwinterungsgebieten zurückkehrt. Er baut sein Nest in Laub-, Misch- und Auwäldern und ernährt sich vorwiegend von Insekten.

SCHWARZSPECHT

Der größte heimische Specht – bis zu 50 Zentimeter lang – ist ein Waldpionier, der anderen Tieren durch seine „Bautätigkeit" das Terrain bereitet. Von den Höhlen, die er mit rasanter Frequenz ins Holz hämmert, profitieren gefährdete Höhlenbrüter wie der Raufußkauz, die Dohle oder die Hohltaube, zudem Wildbienen, Fledermäuse und Bilche (Schlafmäuse). Er ist auf alte Bäume und Totholz angewiesen.

WANDERFALKE

In Mittel- und Süddeutschland brütet der Raubvogel vor allem auf Felsen. Bis Mitte der 1950er-Jahre gab es in den Wäldern der norddeutschen Tiefebene eine stabile baumbrütende Population, die aber wegen des Einsatzes von Pestiziden bis 1972 komplett ausgelöscht war. Dank erfolgreicher Auswilderung gibt es heute wieder mehr als 30 baumbrütende Wanderfalken-Paare in Brandenburg und Mecklenburg-Vorpommern.

WILDSCHWEIN

Tagsüber ruht es perfekt getarnt im Gebüsch des Waldes und wühlt nachts im Boden – als Allesfresser auf der Suche nach Mäusen, Schnecken und Früchten. Die Gruppen der schwarzborstigen Tiere werden vom ältesten Weibchen angeführt, die Männchen, Keiler genannt, sind oft Einzelgänger. Wildschweine suhlen sich gern im Schlamm, nicht zuletzt, um sich vor Zecken zu schützen.

WISENT

Nach jahrhundertelanger Abwesenheit gibt es die Kolosse, die für Menschen ungefährlich sind, nun wieder im Rothaargebirge in freier Wildbahn. Ein Bulle kann bis zu einer Tonne schwer werden, eine Kuh wiegt ungefähr die Hälfte. Die Wiederkäuer leben in Herden von acht bis 20 Kühen und Kälbern. Bullen leben einzeln oder in kleineren Verbänden, meist in der Nähe der Muttergruppen.

VOM KNORREICHENSTIEG IM KELLERWALD HAT MAN
eine schöne Sicht auf den Edersee.

‹

MORGENNEBEL IM NATURPARK PFÄLZERWALD.
572 Meter hoch liegt die Ruine der Wegelnburg im Dahner
Felsenland, direkt an der deutsch-französischen
Grenze. Von dort aus hat man einen weiten Blick in den
Wasgau und in die Vogesen hinein.

DAS HERBSTLAUB SCHEINT MIT DEN FELSEN UM DIE WETTE zu leuchten: Wer hat das schönste Rot? Über eine Länge von 1500 Metern ziehen sich die Buntsandsteinfelsen auf dem Brechenberg mit ihren Türmen, Durchgängen und Verwitterungen durch das Wasgau bis nach Frankreich hinein.

›

MARKANT RAGEN DIE FELSNADELN AUS DEM WALD EMPOR. Solche Formationen sind typisch für das Dahner Felsenland.

∧

AM LÄMMERFELSEN IM DAHNER FELSENLAND:
Die ersten Sonnenstrahlen durchdringen den Nebel
und scheinen ihn aufzufächern. Dieses Lichtphänomen
dauerte nur wenige Minuten.

‹

HOCH ÜBER DEM ORT DAHN LIEGT DIESE BEEINDRUCKENDE
Sandsteinformation – eine erhabene Landschaft.

›

DER WALD STEHT KOPF: SPIEGELUNGEN AUF DEM SPIESSWEIHER
bei Eppenbrunn in der Südwestpfalz.

››

BLICK VOM GROSSEN EYBERG AUF DIE BURGRUINE DRACHENFELS –
eine markante Erscheinung auf dem Weg ins Dahner Felsenland.

Die Deutschen
und ihr Wald

Kaum ein Naturraum ist so stark mit der Identität der Deutschen verbunden wie der Wald. Nicht das Wattenmeer und nicht die Berge galten als Spiegel der deutschen Seele und ihrer Befindlichkeiten, nein, es ist der Wald. Seit Langem schon existiert das Motiv des „deutschen Waldes". Es reicht weiter zurück als die Reichsgründung, bezog sich auf den gesamten deutschsprachigen Kulturraum und trug im 19. Jahrhundert nicht wenig dazu bei, die Einigungsbestrebungen zu befeuern. Der Wald als verbindendes Element der Deutschen zieht sich durch die schönen Künste bis heute; am stärksten ausgeprägt war das Motiv aber in der Romantik, jener Epoche, die auf das Gefühl setzte, nachdem zuvor, im Zeitalter der Aufklärung, der Verstand dominiert hatte. Begriffe wie „Seele" und „Natur" standen hoch im Kurs, ebenso das Subjektive und Träumerische. Es entstanden gefühlsbetonte Gedichte, die aber auch die politischen und gesellschaftlichen Verhältnisse jener Zeit reflektierten – vor allem die Befreiungskriege gegen Napoleon und die Bestrebungen, die Kleinstaaterei zugunsten eines Nationalstaates zu überwinden.

Waldeinsamkeit,
Die mich erfreut,
So morgen wie heut
In ewger Zeit.
O wie mich freut
Waldeinsamkeit.

So heißt es in dem berühmten Gedicht des Romantikers Ludwig Tieck (1773–1853). Die Rede von der „Waldeinsamkeit", die den einsamen Dichter mit der Abgeschiedenheit des Waldes verknüpft und das Gegenstück zum geschäftigen Treiben in der Stadt bildet, ist eines der Schlüsselmotive der Romantik. Die „Waldeinsamkeit" taucht in zahlreichen literarischen Werken auf, ganz gleich ob Lyrik oder Prosa, und spielt auch in anderen Kunstformen eine wichtige Rolle, etwa in Musik und Malerei.

Da ist zum Beispiel das Gemälde „Genoveva in der Waldeinsamkeit" (1841) von Adrian Ludwig Richter, mit dem sich der Dresdner Künstler auf die Sage um Genoveva von Brabant bezieht. Darin wird die Protagonistin aufgrund einer Intrige fälschlicherweise des Ehebruchs bezichtigt und zum Tode verurteilt. Von ihrem Henker freigelassen, flüchtet sie in den Wald. Sechs Jahre lebt sie dort in einer Höhle, ihr zur Seite

NOCH HÄNGEN DIE HERBSTLICH gefärbten Blätter an den Bäumen, aber schon ist der erste Schnee des Jahres gefallen. Auf dem Rudolfstein im Fichtelgebirge wirken die bizarr geschichteten Felsformationen im Wald so, als wären sie von Künstlerhand geschaffene Skulpturen.

144

EICHE   TANNE   AHORN   PAPPEL

eine Hirschkuh. Am Ende findet ihr Gemahl Genoveva wieder, rehabilitiert sie und lässt den Intriganten hinrichten. Auf dem Bild, das in der Hamburger Kunsthalle zu sehen ist, wirkt Genoveva beinahe wie eine Marienerscheinung und der Wald wie ein religiöser Ort. Zum Ausdruck kommt darin auch eine idealisierte Vorstellung von Mensch und Natur, Mensch und Wildtier – ein harmonisches Zusammenleben, das es auch damals kaum gegeben hat. Zunehmende Industrialisierung und Landflucht ließen die Städte wachsen, während unter den Künstlern zugleich die Sehnsucht nach der Natur wuchs. Und nach Stille.

Die Sehnsucht, ein weiteres charakteristisches Motiv der Romantik, findet sich in vielen Werken; etwa in Joseph von Eichendorffs Gedicht „Abschied" von 1810:

> O Täler weit, o Höhen,
> O schöner, grüner Wald,
> Du meiner Lust und Wehen
> Andächt'ger Aufenthalt!
> Da draußen, stets betrogen,
> Saust die geschäft'ge Welt;
> Schlag noch einmal die Bogen
> Um mich, du grünes Zelt!

Als Sehnsuchts- und Rückzugsort bot sich der Wald an, obwohl er in jener Zeit längst nicht mehr unberührt war. Entweder hatte der Mensch ihn gerodet, um Äcker und Felder anzulegen und Siedlungen zu gründen (davon zeugen bis heute Ortsnamen wie Walsrode und Wernigerode), oder er nutzte ihn intensiv. Viele Berufe waren damals direkt mit dem Wald verbunden, neben Förstern, Jägern und Waldarbeitern hatten auch Köhler, Flößer, Harzsammler, Imker und Hirten ihren Arbeitsplatz im Wald. Die zuletzt genannten Berufe gibt es heute bei uns entweder nicht mehr oder sie werden kaum noch im Wald ausgeübt. Trotzdem oder vielleicht gerade deshalb war der Wald ein beliebtes Motiv in der Malerei. Noch heute beeindrucken uns jene Gemälde mit ihren grandiosen Waldlandschaften, zum Beispiel von Caspar David Friedrich, der die Stille und Einsamkeit des dunklen Tann in „Der Morgen" (um 1821) verewigt hat.

Im frühen 19. Jahrhundert, als durch die Napoleonische Besetzung der Wunsch nach einem „einigen deutschen Vaterland" verstärkt aufkeimte, war die Romantik

BUCHE BIRKE LINDE KIEFER

patriotisch gefärbt. Das offenbart sich auch bei Friedrich, dem bedeutendsten Maler jener Zeit. Sein Ölgemälde „Der Chasseur im Walde" (1814) zeigt einen französischen Soldaten, der vor einem Heer von Fichten steht. Geradezu winzig wirkt er im Vergleich zu den hoch aufgeschossenen, geraden Stämmen, die in den Himmel wachsen und ihn beinahe verdecken. Der Wald bildet eine dunkle und undurchdringliche Wand, wie eine Front, hinter der nichts anderes als der Tod zu warten scheint. Diese Darstellung gilt als Symbol der Ablehnung Napoleons, der im darauffolgenden Jahr seine Niederlage bei Waterloo erleiden sollte.

Auch Joseph von Eichendorffs Gedicht „Der Jäger Abschied" (1837) lässt sich patriotisch deuten. Der in Oberschlesien geborene Dichter, Sohn eines Offiziers, hatte an den Befreiungskriegen teilgenommen, unter anderem mit dem Lützowschen Freikorps, zu dem auch Jäger gehörten.

Wer hat dich, du schöner Wald,
aufgebaut so hoch da droben?
Wohl, den Meister will ich loben,
solang noch mein Stimm' erschallt, (...)
Lebe wohl, lebe wohl, du schöner Wald!

Das Gedicht wurde von Felix Mendelssohn-Bartholdy vertont und wird bis heute gern von (Männer-)Chören gesungen. Auch andere Komponisten griffen Gedichte des schlesischen Dichters auf, etwa Robert Schumann und Johannes Brahms. In der Romantik waren die Künstler in hohem Maß über die Kunstgattungen hinweg miteinander verwoben. Musiker vertonten nicht nur Gedichte, sondern auch Märchen, etwa Engelbert Humperdinck mit seiner spätromantischen Oper „Hänsel und Gretel". Maler wie Adrian Ludwig Richter ließen sich von Sagen inspirieren und illustrierten später Märchenbücher, die wiederum Schriftsteller und Dichter animierten.

Sagen und Märchen gehören bis heute zur Kinder- und Jugendliteratur, viele Menschen wachsen damit auf und lesen sie später ihren eigenen Kindern und Enkeln vor. In Mode kamen sie vor gut 200 Jahren, als die Brüder Grimm ihre erste Sammlung von Kinder- und Hausmärchen herausgaben, der bis Mitte des 19. Jahrhunderts weitere folgten. Dazu angeregt wurden die Brüder aus Kassel durch die Romantiker Clemens Brentano und Achim von Arnim, die Material für eine Volksliedersammlung suchten.

DIESE TANNE, DIE WOHL ÄLTESTE
und knorrigste im Nordschwarzwald,
wächst am abgelegenen Wildsee.
Tannen kommen heute kaum noch
in Reinbeständen vor, sondern sind
meist Teil von Berg-Mischwäldern. Ihre
tiefreichenden Wurzeln machen sie
weniger anfällig für Stürme als Fichten.

ESCHE   FICHTE   PLATANE   ULME

Ob „Hänsel und Gretel", „Rotkäppchen", „Schneewittchen" oder „Brüderchen und
Schwesterchen" – in vielen dieser Geschichten spielt der Wald eine zentrale Rolle, sei
es als bloßer Schauplatz der Handlung oder geradezu als Gegenspieler der Helden,
die Mut- und Bewährungsproben bestehen müssen. Der Wald im Märchen ist oft eher
ein Hort des Schreckens – «finster und auch so bitterkalt» – als ein Quell der Inspiration
für einsame romantische Dichter. Zudem ist er ein Panoptikum für allerlei rätselhafte
Gestalten wie Kobolde, Gnome, Hexen, Ungeheuer und nicht zuletzt Räuber.

Diese treten besonders im „Wirtshaus im Spessart" hervor, einer Erzählung aus
Wilhelm Hauffs „Märchenalmanach für Söhne und Töchter gebildeter Stände auf das
Jahr 1828" über die Bedrohung durch Räuber im Umkreis jener Waldschenke. Ein
junger Goldschmied aus Nürnberg wandert durch den Spessart, um erstmals seine „Frau
Pate" aufzusuchen, eine Gräfin, bei der seine inzwischen verstorbene Mutter Kammer-
zofe war. Die Nacht verbringt er in einem Wirtshaus im Wald, in dem es von Räubern
nur so wimmelt. Auch eine Gräfin mit ihrem Gefolge schlägt ihr Nachtlager dort
auf, und bald erscheint tatsächlich eine Räuberbande, um die Adelige zu entführen
und Lösegeld von ihrem Gatten zu erpressen. Mutig erbietet sich der Handwerks-
bursche, mit ihr die Kleider zu tauschen, um an ihrer Statt mit den Räubern in den Wald
zu ziehen, damit die Gräfin entkommen und Hilfe organisieren kann. So geschieht
es. Nach mehreren Tagen in Gefangenschaft fügt sich alles zu einem glücklichen Ende.
Selbst der Räuberhauptmann führt fortan ein anständiges bürgerliches Leben.

Das „Wirtshaus im Spessart" wurde in den 1950er-Jahren verfilmt und mit Lise-
lotte Pulver in der Hauptrolle zu einem Kassenschlager. Bis heute lebt der Tourismus
im Spessart von Hauffs Erzählung; sie wird immer wieder als Theaterstück auf einer
Freilichtbühne nahe dem Originalschauplatz aufgeführt. Eine weitere Räubergeschichte
ist zum Klassiker geworden, und zwar für Kinder: „Der Räuber Hotzenplotz". Der Erfolg
dieser Geschichte war so überwältigend, dass ihr Schöpfer, der 2013 verstorbene
Otfried Preußler, auf vielfaches Bitten seiner jungen Leser zwei weitere Bände schrieb.
Mit der ebenfalls im Wald lebenden Figur „Die kleine Hexe" hatte er zuvor bereits
einen Klassiker geschaffen. Anregungen zu den Geschichten fand der Autor in seiner
Kindheit in Böhmen, zu der die Märchen und Sagen gehörten, die ihm seine Groß-
mutter erzählt hatte. Zur Kindheit gehört auch das Singen, und einige der bekanntesten
Volkslieder spielen im Wald. Wohl jeder kennt die Melodien und könnte sie zumindest
mitsummen, auch ohne sich an den Text zu erinnern: „Ein Jäger aus Kurpfalz, der

BIRKE

reitet durch den grünen Wald ...", „Ein Vogel wollte Hochzeit machen in dem grünen Walde" und „Ein Männlein steht im Walde". Letzteres stammt aus der Feder von Hoffmann von Fallersleben, dem Germanisten, der nicht nur Kinderlieder schrieb, sondern auch das „Lied der Deutschen" und die Nationalhymne.

Der Wald als Bühne und Jäger als Hauptfiguren: Das ist nicht nur die Szenerie für Kinder- und Volkslieder, sondern auch die der Oper. Carl Maria von Webers „Der Freischütz" versammelt Jäger, Förster und Dorfbewohner zum Tanz in der Waldschenke und später zum teuflischen Pakt in der Wolfsschlucht – wegen der wilden Tiere und Geister ein wahrlich unheimlicher Ort. Am Ende steht die Erlösung durch einen Eremiten. Die 1821 im Königlichen Schauspielhaus Berlin uraufgeführte romantische Oper feierte Triumphe; bis heute gehört sie zu den populärsten Werken der Opernliteratur hierzulande und hat ihren festen Platz in den Spielplänen. Sie ist vielfach adaptiert worden, man denke nur an den Erfolg von „The Black Rider" mit der Musik von Tom Waits.

„Der Freischütz" galt bereits als *die* deutsche Nationaloper, als es den deutschen Nationalstaat noch gar nicht gab. Die Vorlage für sein Libretto fand der Komponist unter anderem in einem Gespensterbuch, in dem eine Volkssage denselben Titel trägt. Wieder zeigt sich der Austausch zwischen der „Hochkultur" und volkstümlichen Erzählungen, zwischen Literatur und Musik. Das gilt nicht minder für Wagners Opernzyklus „Der Ring des Nibelungen", der ebenfalls auf Mythen und Sagen fußt. In der Oper „Siegfried" spielt der Wald eine besondere Rolle: Der in einer Waldhöhle geborene und im Wald aufgewachsene Held zieht schließlich aus, um ein drachenähnliches Ungeheuer zu töten, das dort haust, wo die schönsten Eichen und Buchen blühen. Als er mit dessen Blut in Berührung kommt, versteht er die Sprache der Vögel. Ein Waldvogel, gesungen im Sopran, warnt ihn vor drohendem Verrat und erteilt Ratschläge für das weitere Vorgehen ... Kein Zweifel, der Wald ist aus der Mythologie und Kunst der Deutschen nicht wegzudenken. Aber ganz gleich, ob es sich um Volkskunst oder Hochkultur handelt, um Musik oder Literatur für Erwachsene und Kinder: Der Wald ist auch ein wichtiger Teil unseres täglichen Lebens. Wir machen Ausflüge in den Wald, sammeln Pilze, zeigen unseren Kindern Ameisenhaufen oder suchen einfach Ruhe auf Spaziergängen unter seinem Blätterdach. Eigentlich ist es da kein Wunder, dass dieser Sehnsuchtsort auch zum nationalen Kulturgut geworden ist.

DIESER BIRKENSTAMM ERINNERT AN EINE Wand, von der die Farbe abblättert. Die Borke der Bäume ist zunächst dunkel und wird im Lauf der Zeit immer heller, bis sie fast weiß ist. Bisweilen lösen sich papierartige Stücke ab.

∧

AUS ALT MACH NEU: JUNGE TRIEBE SPRIESSEN AUF DEM STAMM
einer abgestorbenen Fichte, die umgestürzt im Unterholz des
Fichtelgebirges liegt. Die immergrünen Fichtenwälder bieten
Vögeln, Insekten und anderen Tieren Lebensraum und Nahrung.

‹

NOCH IST DER FARN IN DIESEM FICHTENWALD EINGEROLLT,
doch im Frühjahr wird er sich entfalten.

FRÜHLING IN DER THÜRINGER RHÖN: AUF DEN HOCH GELEGENEN
Trockenrasenflächen blühen im Mai und Juni Orchideen. Die
Kuppenrhön, die sich von Thüringen nach Hessen zieht, erhebt
sich bis über 700 Meter. Ein Großteil des Gesteins ist vulkanischen Ursprungs. Die Region wurde einst „Buchonia" genannt,
weil vor allem Buchenwälder die Landschaft prägten. Durch
Rodung entstanden die heutigen Freiflächen.

AN DER HOCHRHÖNSTRASSE IN DER BAYERISCHEN RHÖN
steht dieser prächtige Ahorn, der im Herbst gelb leuchtet.

›

DIESE KNORRIGE STIELEICHE, DIE AN EINEM STEILEN HANG IN DER
Bayerischen Rhön steht, gilt als „1000-jährige" Eiche.

››

DIE KUH- ODER KÜCHENSCHELLE BLÜHT NUR FÜR WENIGE TAGE
auf dem Sodenberg, einem erloschenen Vulkan bei Hammelburg
in der Bayerischen Rhön. Dort findet man diese selten gewordene
Blume ebenso wie Märzenbecher oder Adonisröschen.

›

DER HERBST IM BAYERISCHEN WALD GEHT ZU ENDE,
und der erste Schnee bedeckt das noch farbige Ahornblatt.

«Jetzt sind die gelben Blätter gezählt
Am Ahorn, an Birken und Buchen.
Die Sonne ist hinter Nebel gestellt
Und lässt sich tagelang suchen.»

MAX DAUTHENDEY (1867–1918)

Gipfel des Großen Arbers im Bayerischen Wald gefallen.
Bei Sonnenaufgang erglühen die tief verschneiten Bergfichten
für kurze Zeit in rötlich gelbem Licht.

SPÄTER AM TAG WERFEN DIE FICHTEN AUF DEM GROSSEN ARBER
lange Schatten. Im Hintergrund zieht leichter Nebel auf.

Die Oberbacher Hutebuche in der Rhön

Ein wenig einsam auf weiter Flur scheint diese Hutebuche bei Oberbach in der Bayerischen Rhön zu stehen. Im Umkreis von ein paar Hundert Metern jedoch gibt es noch weitere Bäume ihrer Art. Man pflanzte sie dort früher eigens, um ihre Früchte, die Bucheckern, als Viehfutter zu verwenden. Solche mächtigen „Baumpersönlichkeiten" konnten sich nur entwickeln, weil sie auf Abstand gepflanzt waren und ausreichend Platz um sich herum hatten. So bildeten sie dicke Stämme und breiteten ihre Kronen beinahe fächerförmig aus. Inzwischen reichen sie fast bis zum Boden.

Die sogenannte Riesenbuche bei Oberbach wird von Mitarbeitern des Deutschen Baumarchivs auf ein Alter zwischen 200 und 340 Jahren geschätzt. Sie ist ungefähr 28 Meter hoch und hat einen Kronendurchmesser von 20 Metern. Der Stammumfang liegt zwischen sechseinhalb und sieben Metern. Einige der starken Äste biegen sich bugförmig nach oben; einige ihrer Wurzeln verlaufen oberirdisch und sehen aus wie erstarrte Riesenschlangen. Der von Wind und Wetter durchfurchte Stamm ist stellenweise dicht bemoost, so als würde der Baum sich in dunkelgrünen Samt wanden. Im Umkreis von 100 bis 200 Metern stehen noch zwei weitere Buchen mit ganz ähnlichen Ausmaßen.

Oberbach ist ein Ortsteil von Wildflecken. Ein ehemals „wilder Flecken" also, im Sinntal gelegen, umgeben von Wiesen, Wäldern und Feldern. Am Rand des Dorfes trifft man noch auf eine ländlich anmutende Idylle mit weidenden Kühen und Pferden, freilaufenden Hühnern und Gänsen. Allerdings gibt es hier laut Chronik keinen einzigen Landwirt im Vollerwerb mehr; auch hier zeigt sich der Strukturwandel. Wandel gehört zur Geschichte der Region, die der Mensch im Lauf der Jahrhunderte stark geprägt und zu dem gemacht hat, was sie heute ist: eine historisch gewachsene Kulturlandschaft im bayerischen Teil der Rhön.

Die Rhön ist ein Mittelgebirge, das sich über drei Bundesländer erstreckt: Bayern, Hessen und Thüringen. Im Mittelalter wurde die Gegend „Buchonia" genannt, das „Land der Buchen". Das entspricht der damaligen Bewaldung, die von der Buche dominiert war. Nach intensiven Rodungen spricht man heute vom „Land der offenen Fernen". Das in die Berglandschaft eingebettete Oberbach sowie die imposanten Hutebuchen sind seit 1991 Teil des Unesco-Biosphärenreservates Rhön. Voraussetzung

für diesen Status ist, dass der Schutz der Natur und umweltverträgliches Wirtschaften Hand in Hand gehen und eine nachhaltige Entwicklung ermöglichen. Die traditionellen Formen der Bewirtschaftung in der Rhön entsprechen diesem Modell; ihre Zeugnisse sind bis heute erhalten. Zu den Besonderheiten der Gegend im Landkreis Bad Kissingen gehören auch Bergwiesen mit leuchtend violettem Storchenschnabel und Goldhafer, Wacholderheiden, Hecken, Trockenrasen, Streuobstwiesen, Lesesteinwälle und alte Viehtriften.

Früher war es üblich, das Vieh zum Weiden in den Wald zu treiben. Schweine machten sich über die Früchte von Eichen und Buchen her; Kühe, Schafe und Ziegen fraßen den Jungwuchs der Bäume. In Oberbach befindet sich das Informationszentrum „Haus der Schwarzen Berge" – Ausgangspunkt für Wanderungen in das gleichnamige Naturschutzgebiet, die durch Wälder sowie über lang gestreckte Hochebenen führen. Im Buchen-Eschen-Wald auf dem Lösershag, einem Basaltkegel und Naturwaldreservat oberhalb von Oberbach, wachsen Trollblume und Silberdistel. Hier leben Schwarzstorch und Rotmilan. Da die Rhön vulkanischen Ursprungs ist, weist sie nährstoffreiche Böden auf, auf denen

auch „Edelholz"-Bäume wie Ahorn, Esche, Kirsche oder die Ulme siedeln.

Noch immer weiden die genügsamen Rhönschafe auf den Wiesen, eine alte Haustierrasse aus der Region. Charakteristisch ist ihr schwarzer Kopf. Die hochbeinigen Schafe sind an das raue Mittelgebirgsklima bestens angepasst, ihr Wollkleid trotzt Wind, Kälte und den langen, schneereichen Wintern. Die hornlosen Tiere liefern ein Fleisch, das wegen seines vorzüglichen Geschmacks im 19. Jahrhundert sogar in Frankreich als Delikatesse galt. Von den mehreren Hunderttausend Tieren, die es damals noch gab, wurden Tausende pro Jahr bis nach Paris getrieben, wo sie geschlachtet und als „Mouton de la Reine" verkauft wurden, als Fleisch der Königin. Heute gibt es noch rund 6000 Rhönschafe. Wenn sie auf Magerrasen oder Streuobstwiesen weiden, tragen sie zum Erhalt dieser Lebensräume und zu ihrem eigenen Fortbestand bei. Rund um die Oberbacher Hutebuche haben schon Generationen von Rhönschafen geweidet – und sie werden es hoffentlich noch lange tun.

∧

ZWEI KLEINE PILZE IM DICHTEN MOOSPELZ, DER EINEN
abgestorbenen Baum überzieht. Sie helfen, das Totholz
zu zersetzen.

‹

EIN BUCHENKEIMLING HAT SEINE KAPSEL GESPRENGT UND
strebt dem Licht entgegen. Im Frühling ist der Boden von
Buchenwäldern manchmal mit Keimlingen übersät.

‹‹

BRAUNBÄREN IN EINEM GEHEGE IM BAYERISCHEN WALD.
Dort kann man die Tiere gut beobachten und fotografieren.

‹‹‹

ALTE BÄUME PRÄGEN DIE ABGELEGENEN ALMWIESEN IN DEN
Hochlagen des Bayerischen Waldes. Die einstigen „Schachten"
werden heute nicht mehr beweidet.

ER WIRKT TATSÄCHLICH WIE EIN KLEINER RIESE,
der Gemeine Riesenschirmling („Parasol") in der Bayerischen Rhön. Die mit Champignons verwandten
Pilze werden bis zu 40 Zentimeter hoch, ihr Schirm
erreicht einen Durchmesser von 30 Zentimetern.

‹

DIE WUTACH, EIN NEBENFLUSS DES RHEINS. IN IHREM
Oberlauf schneidet sie sich bis zu 170 Meter tief in die
Landschaft des Naturparks Südschwarzwald ein und
bildet teils spektakuläre Schluchten – eine der letzten
wilden Flusslandschaften in Mitteleuropa.

DSCHUNGELARTIG MUTEN EINIGE BÄUME IM BAYERISCHEN WALD
an, weil sie so dicht mit Farnen, Moosen und Flechten
bewachsen sind. Man findet sie am Großen Falkenstein in den
feuchten Tälern des Höllbaches und der Höllbachgspreng.

›

IM FRÜHLING LEUCHTET DAS JUNGE BUCHENGRÜN ZWISCHEN
den dunklen Fichten im Bayerischen Wald bei Zwiesel.
Regenwolken stauen sich an den Bergen, und manchmal
hüllt dichter Nebel die Wälder tagelang ein.

STILL RUHT DER WILDSEE AUF EINER HOCHEBENE IM
Nordschwarzwald, umgeben von Mooren sowie alten Fichten-,
Tannen- und Buchenwäldern. Hier ist Bannwaldgebiet –
der Wald wurde seit Jahrzehnten nicht mehr bewirtschaftet.

‹

GOLDENE MORGENSTIMMUNG IM NORDSCHWARZWALD:
Blick von der Hornisgrinde, dem höchsten Berg der
Gegend, über bewaldete Berge und Hügel. Die Hornisgrinde
ist 1163 Meter hoch.

DER SELTEN GEWORDENE AUERHAHN IST IM SCHWARZWALD noch anzutreffen. Er bevorzugt alte, störungsarme Wälder mit einem dichten Unterwuchs aus Sträuchern, da er extrem scheu ist. Nur zur Balzzeit im April und Mai zeigt sich der vier bis fünf Kilogramm schwere Vogel angriffslustig und verteidigt sein Revier – wenn es sein muss, auch gegen Menschen und Hunde.

IM SOMMER WIE IM WINTER BEEINDRUCKEND:
Die „Wetter- oder Windbuchen" auf dem Schauinsland
im Südschwarzwald. Der beinahe 1300 Meter hohe
Hausberg von Freiburg erhebt sich aus der Rheinebene,
von der aus oft ein heftiger Westwind bläst. Stamm
und Zweige wachsen deshalb Richtung Osten geneigt.

DIE SOLITÄR STEHENDEN BUCHEN AUF DEM SCHAUINSLAND
können sich als Flachwurzler gegen die manchmal
orkanartigen Stürme behaupten, indem sie besonders
starke Wurzeln nach Westen ausbilden, Richtung Wind.

›

HINTER DEN KROKUSWIESEN BEI GEROLD IN OBERBAYERN
sieht man das Karwendelgebirge. Im Frühling sprenkeln Krokus-
blüten die Wiesen im Voralpenland mit bunten Farbtupfern.

Kleine Pilz- und Beerenkunde

AUSTERN-SEITLING (AUSTERNPILZ)

Ein begehrter Speisepilz, der die Stämme oder Äste von Laubbäumen besiedelt, vor allem die der Rotbuche. Der Austern-Seitling baut das im Holz enthaltene Lignin ab und begnügt sich mit nährstoffarmen Untergründen. So wirkt er zugleich als Pionier, der anderen holzzersetzenden Organismen den Weg ebnet. Das macht ihn und seine Verwandten im natürlichen Stoffkreislauf unentbehrlich.

BROMBEERE

Die stachelige Kletterpflanze gehört zur Familie der Rosengewächse. Sie wächst in lichten Wäldern und an Waldrändern, bildet von Juni bis August meist weiße Blüten, vermehrt sich hauptsächlich vegetativ und kann bis zu 100 Jahre alte Wurzelstöcke bilden. Allein in Deutschland sind rund 400 Unterarten bekannt. Die wohlschmeckenden, leicht säuerlichen Früchte reifen von Juli bis Oktober.

ECHTER PFIFFERLING (EIERSCHWAMM)

Dieser beliebte Speisepilz geht eine Symbiose mit Laub- oder Nadelbäumen ein, vor allem mit Fichten oder Rotbuchen. Er siedelt auf basen- und nährstoffarmen Waldböden mit wenig Unterwuchs; die Fruchtkörper erscheinen von Juni bis November. Früher war er weit verbreitet, seit Beginn der 1970er-Jahre ist er rückläufig – unter anderem reagiert er empfindlich auf Luftverschmutzung und Stickstoffeinträge.

HIMBEERE

Wie die nahe verwandte Brombeere ist sie ein stacheliges Gewächs, dessen Triebe erst im zweiten Jahr Früchte tragen. Sie breitet sich vor allem auf Lichtungen aus und bevorzugt Halbschatten. Die Waldhimbeere ist die Wildform der Kulturhimbeere; ihre Früchte reifen von Juni bis August. Die „Beeren" sind botanisch gesehen „Sammelfrüchte", die sich aus fleischigen Steinfrüchten zusammensetzen.

KRAUSE GLUCKE

Bis zu 40 Zentimeter groß und fünf Kilogramm schwer werden die an einen Badeschwamm erinnernden Fruchtkörper der Krausen Glucke. Der nussartig schmeckende Pilz zeigt sich vom Hochsommer bis in den Herbst hinein. Er ist auf Nadelwälder angewiesen, wo er bevorzugt die Wurzeln oder den Stammgrund alter Kiefern befällt und dabei die sogenannte Braunfäule verursacht.

MARONEN-RÖHRLING

Er ähnelt auf den ersten Blick dem Steinpilz, unterscheidet sich von diesem aber durch die Zeichnung am Stiel. Zudem färbt sich das helle Fleisch unter dem Hut bei leichtem Druck mit dem Finger blau. Der Maronen-Röhrling gedeiht bevorzugt in Nadelwäldern, vor allem in alten Fichtenbeständen. In ganz Deutschland kommt er vor, kann aber im Süden noch mit radioaktivem Cäsium (Tschernobyl) belastet sein.

FLIEGENPILZE

GEMEINER STEINPILZ

Der bekannte Speisepilz diente dem Menschen schon in der Steinzeit als Nahrung. Er lebt in Symbiose mit Laub- oder Nadelbäumen und bildet mit deren Wurzeln ein Geflecht („Mykor-rhiza"), über das Mineralien, Nährstoffe und Wasser ausgetauscht werden. Er bevorzugt Wälder mit saurem bis neutralem Boden. Die Fruchtkörper bilden sich hauptsächlich zwischen August und Oktober.

HALLIMASCH

Von Pilzfreunden geschätzt, in Forstbetrieben und Gärten nur ungern gesehen. Ökologisch betrachtet ist der Hallimasch jedoch ein Nütz-ling, der in jeden Wald gehört. Als Holzzer-setzer breitet er sich auf abgestorbenen oder geschwächten Bäumen aus, egal, ob Laub- oder Nadelholz. So trägt er auf natürliche Weise zur Waldverjüngung bei. Die Fruchtkörper erschei-nen im Herbst, vom September bis Oktober.

HEIDELBEERE

Man nennt sie auch Blau-, Schwarz- oder Bickbeere. Heidelbeersträucher werden bis zu einem halben Meter hoch und wachsen auf kargen, sauren Böden. Sie gedeihen besonders in Nadelwäldern, Mooren und in der Heide. Die Heidelbeere blüht zwischen April und Juni, die säuerlich-süßen, dunkelblauen Früchte rei-fen im Sommer. Wichtig ist sie auch als Futter-pflanze für die Raupen gefährdeter Falterarten.

PREISELBEERE

Sie gehört zur selben Gattung wie die Heidel-beere und ist ein immergrünes Heidekraut-gewächs. Der Zwergstrauch kann bis zu 40 Zen-timeter hoch werden, bleibt aber oft kleiner. Ihre weißen Blüten zeigt sie zwischen Mai und August, im September reifen die leuchtend roten Früchte. Wegen ihres herben, säuerlichen Geschmacks schätzt man Preiselbeeren tradi-tionell als Beilage zu Wildgerichten.

VOGELBEERE

Man kennt sie auch unter dem Namen Eber-esche. Obwohl ihre gefiederten Blätter denen der Esche ähneln, ist sie als Rosengewächs nicht mit ihr verwandt. Der anspruchslose Baum wächst in Nadel- und Laubwäldern, wird in Parks und Gärten als Zierpflanze angebaut. Im Herbst entwickeln sich die Früchte, die gern von Vögeln gefressen werden. Sie gelten zu Unrecht als giftig, sind roh aber bitter und ungenießbar.

WALDERDBEERE

Bei Menschen und Tieren ist die Walderdbeere eine sehr begehrte Frucht, die vor allem in lichten Laub- und Nadelwäldern sowie an deren Rändern gedeiht. Das Rosengewächs blüht im Frühjahr und trägt im Sommer Früchte. Aus archäologischen Funden ist bekannt, dass sie dem Menschen schon seit Langem als Nah-rung dient. Sie ist aber nicht die Wildform der Gartenerdbeere.

HINWEIS

Diese Übersicht ersetzt keinen Pilzführer. Pflücken und Verzehr auf eigene Gefahr.

^

WINTER AM EIBSEE IM WETTERSTEINGEBIRGE UNTERHALB
der Zugspitze. Im Sommer herrscht hier Hochbetrieb,
im Winter nichts als Stille. Der See ist benannt nach den
Eiben, die dort weitverbreitet waren.

ES WAR ERST ENDE AUGUST IM BERCHTESGADENER LAND,
als es plötzlich zu schneien begann. Eine dichte Schneedecke
legte sich über die Almwiesen. Blütenpflanzen müssen mit
solchen Widrigkeiten fertig werden.

<

NUR FÜR EINEN MOMENT ZEIGTE SICH DIESES LICHTSPEKTAKEL
in der Morgendämmerung auf dem Feldberg im Schwarzwald.

WIE EIN FILIGRANES KUNSTWERK SIEHT DIE BAUMKRONE DER
alten Windbuche aus. Im Südschwarzwald herrschte gerade ein
starker Schneesturm.

‹

EIN FOTOGRAFISCHER GLÜCKSFALL: AUF DEN VERSCHNEITEN
Latschenfeldern oberhalb der Gotzenalm zeigte sich kurz diese
Gämse, die offenbar aus dem Tal heraufgestiegen war.

‹‹

ERSTER SCHNEE AUF DEM WATZMANN UND DEN UMLIEGENDEN
Bergen. Im Nationalpark Berchtesgaden zieht im Herbst nach
betriebsamen Monaten Ruhe ein.

TIEF EINGEHÜLLT IN SCHNEE, EIS UND NEBEL:
Einsam behauptet sich eine der imposanten Windbuchen auf dem Schauinsland gegen den Winter.

›

EIN WEITER BLICK ÜBER DIE BERCHTESGADENER ALPEN:
Im Vordergrund ist der Rotofen im Lattengebirge zu sehen, auch „Schlafende Hexe" genannt, im Hintergrund links der Hochkalter, dann die Reiter Alm.

NACH STARKEN REGENFÄLLEN FLIESST DAS WASSER IN
zahllosen Rinnsalen durch das Moos an den Hängen des
Ammertals in Oberbayern.

Jahren mancherorts leicht erholt, aber die begehrte Pflanze mit den weißfilzigen Blättern ist immer noch stark gefährdet und steht unter strengem Naturschutz. Selbst in den Berchtesgadener Alpen muss man sie weit abseits der Hauptwege suchen.

›

NEBELSCHWADEN DURCHZIEHEN EINEN BERGWALD IM ALLGÄU.
Mischwälder wie dieser trotzen Wind und Wetter. Sie verhindern außerdem Lawinen und Steinschlag.

LANGE BARTFLECHTEN ZEUGEN VON HOHER LUFTQUALITÄT.
Diese Prachtexemplare finden sich in den Bergwäldern des
Berchtesgadener Landes. Je sauberer die Luft ist, desto
länger werden die Flechten.

ALTE FICHTEN UNWEIT DES KÖNIGSSEES IM BERCHTESGADENER LAND
Ihre starken Stämme sind mit Moos und Flechten bewachsen. Der See
liegt rund 600 Meter hoch und ist von steilen Berghängen umgeben.

›

DIE SCHLEIERFÄLLE IM OBEREN TEIL DER AMMERSCHLUCHT SIND
ein Naturschauspiel: In feuchten Sommern fühlt man sich an einen
Regenwald mitten in den Bayerischen Voralpen erinnert.

››

IM OSTRACHTAL BEI HINTERSTEIN, MITTEN IN DEN ALLGÄUER ALPEN,
leuchtet dieser alte Ahorn in herbstlichem Gelb.

Register
Pflanzen, Tiere, Regionen

Bildnachweis

Kleine Baumkunde: Gerhard Rotheneder/wildlife-media.at (Ahorn), Norbert Rosing (Birke, Buche, Eiche), Wira 91/fotolia (Fichte), creAtive/fotolia (Linde), pixelunikat/fotolia (Pappel), beatuerk/ fotolia (Erle), chulja/fotolia (Esche), FK-Lichtbilder/ fotolia (Platane), Daniel Bujack/fotolia (Tanne) Nancy Nehring/iStockphoto (Ulme). *Kleine Tierkunde:* Benno Hansen/fotolia (Baummarder), reinobjektiv/fotolia (Dachs), apfelweile/fotolia (Fuchs), Olaf Kloß/fotolia (Schwarzstorch), arolina 66/fotolia (Thüringer Waldziege), Alexander Erdbeer/fotolia (Waldohreule), Andy Gehrig/ iStockphoto (Nachtigall), Kaeptn-chemnitz/fotolia (Pirol), Gerhard Rotheneder/wildlife-media.at (Schwarzspecht), Bergfee/fotolia (Wanderfalke), natureimmortal/fotolia (Wildschwein), fotoreisen. com/fotolia (Wisent). *Kleine Pilz- und Beerenkunde:* Tara balu/fotolia (Austern-Seitling), Fritz Hiersche/wildlife-media.at (Brombeere), style-photography.de/fotolia (Pfifferling), michlemeur/ fotolia (Himbeere), Ramona Heim/fotolia (Krause Glucke), Schlegelfotos/fotolia (Maronen-Röhrling), Günter Menzl/fotolia (Steinpilz), M. Schuppich/ fotolia (Hallimasch), Liane M/fotolia (Heidelbeere, Vogelbeere), Milan Kuminowski/fotolia (Preiselbeere), nubia 87/fotolia (Walderdbeere)

Dank an

Wolfgang Bäuml und Karl-Friedrich Sinner (Nationalpark Bayerischer Wald), Anne Burghardt (Kur- und Tourismus GmbH, Zingst), Deutsche Bundesstiftung Umwelt (DBU), Dr. Lutz Fähser, Greenpeace e. V. Deutschland, Manfred Großmann (Nationalpark Hainich), Gernot Haffner (Nationalpark Vorpommersche Boddenlandschaft), Jörg Krüger und Wolfgang Schlund (Naturschutzzentrum Ruhestein im Nordschwarzwald), Claus Schenk (Informationszentrum Haus der Schwarzen Berge, Biosphärenreservat Bayerische Rhön), Andreas Stern (Pfälzer Wald), Richard Stöbener, den „Wasgau-Indianer", Wildpark Neuhaus im Solling

Fotograf und Autorin

Norbert Rosing wurde mit seinen spektakulären Eisbärenbildern aus Kanada bekannt. Seit den 90er-Jahren fotografiert er vor allem seine Heimat Deutschland; sein Bestseller „Wildes Deutschland" liegt in der 8. Auflage vor. Er hat u. a. Preise bei der BBC Wildlife Photographer of the Year Competition gewonnen.

Monika Rößiger ist Biologin, Wissenschaftsjournalistin und Sachbuchautorin. Für die bei NATIONAL GEOGRAPHIC DEUTSCHLAND erschienenen Bildbände „Wilde Tiere in Deutschland" und „Wildes Sachsen" schrieb sie die Texte. Außerdem ist sie Mitautorin der Bücher „Abenteuer Ozean" und „Wildes Deutschland".

IMPRESSUM

Fotos: Norbert Rosing | www.rosing.de
Texte: Monika Rößiger

Copyright © G+J / RBA GmbH & Co KG, Hamburg 2013
Veröffentlicht von NATIONAL GEOGRAPHIC DEUTSCHLAND, Hamburg 2013

Konzept: Alexandra Schlüter
Lektorat: Dr. Sascha Kirchner, Alexandra Schlüter (Ltg.)
Gesamtgestaltung und Bildredaktion: Erdgeschoss Grafik, Esther Gonstalla | www.erdgeschoss-grafik.de
Schlussredaktion: Katharina Harde-Tinnefeld
Herstellung: G+J Druckzentrale, Heiko Belitz (Ltg.), Thomas Oehmke
Litho: Peter Becker GmbH, Würzburg
Druck: Firmengruppe APPL, aprinta Druck, Wemding

Umschlagvorderseite: Buchenwald im Nationalpark Kellerwald-Edersee
Umschlagrückseite: Die Wutach im Naturpark Südschwarzwald (oben), Herbstlaub am Ufer des Edersees (Mitte),
Fliegenpilze im Lübecker Stadtwald (unten)

Printed in Germany
ISBN 978-3-86690-364-7

Die National Geographic Society, eine der größten gemeinnützigen wissenschaftlichen Vereinigungen der Welt, wurde 1888 gegründet,
um «die geographischen Kenntnisse zu mehren und zu verbreiten». Sie unterstützt die Erforschung und Erhaltung von Lebensräumen sowie
Forschungs- und Bildungsprogramme. Ihre weltweit mehr als neun Millionen Mitglieder erhalten monatlich das NATIONAL GEOGRAPHIC-Magazin,
in dem namhafte Fotografen ihre Bilder veröffentlichen und renommierte Autoren aus nahezu allen Wissensgebieten der Welt berichten.
Ihr Ziel: *inspiring people to care about the planet*, Menschen zu inspirieren, sich für ihren Planeten einzusetzen. Die National Geographic Society
informiert nicht nur durch das Magazin, sondern auch durch Bücher, Fernsehprogramme und DVDs. Falls Sie mehr über NATIONAL GEOGRAPHIC
wissen wollen, besuchen Sie unsere Website unter www.nationalgeographic.de.

NORBERT ROSING BEI NATIONAL GEOGRAPHIC DEUTSCHLAND

**Wildes Deutschland
Bilder einzigartiger
Naturschätze**
Bildband
8. erweiterte Auflage
320 Seiten, 256 Fotos
€ 39,95 (D), € 41,20 (A),
sFr 53,90 (CH)
ISBN 978-3-86690-012-7

Norbert Rosing,
Carsten Peter u. a.
**On Location
Die Welt der
Naturfotografie**
Bildband
256 Seiten, 200 Fotos
€ 49,95 (D), € 51,40 (A),
sFr 66,90 (CH)
ISBN 978-3-86690-239-8

Deutsche Nationalparks
Reiseführer
2. aktualisierte Auflage
272 Seiten, 250 Fotos
22,99 (D), € 23,70 (A),
sFr 39,50 (CH)
ISBN 978-3-95559-002-4